MATTHIÆ CASIMIRI

SARBIEVII

E SOCIETATE JESU,

C A R M I N A.

Nova editio, prioribus longè auctior
& emendatior.

PARISIIS,

Typis B A R B O U , viâ Mathurinenſium.

M. DCC. XCI.

TYPOGRAPHUS

LECTORI.

Damus tibi, Lector amice, omnia Matthiæ Casimiri *Sarbievii* carmina. Jamdiu prodierant in lucem Vilnæ, Antuerpiæ, Lutetiæ, Divione, Lugduni, &c. odarum libri IV. cum V°. epodon, & libro epigrammatum singulari; qui quidem excepti ubique cupidè sunt, ubique cupidè lectitati; maximoque in pretio habiti. Sed hactenus editio nulla exstitit, quæ omnia sublimis poëtæ carmina complecteretur; carebant omnes superiores editiones ultimis octo carminibus libri quinti, librisque totis VI. & VII. Quæ omnia debes, studiose Lector, curis & peregrinationibus R. P. Joan. Michaelis *Vander Ketten*, canonici regularis ordinis SS. Salvatoris, qui labori nulli pepercit; ut istas sibi delicias

a ij

compararet. Collegit autem vir ille Sarbievii
amator & admirator maximus, cùm esset tum
in Polonia tum in Lithuania, omnia poëtæ illius maximi opera posthuma, in quibus erant
ea poëmata quæ nunc primùm in lucem edun-
tur, quorumque nonnulla, quia ultimam auctoris manum non acceperunt, aliquam le-
gentium indulgentiam requirunt. Hæc autem
mecum communicavit R. P. Stan. *Moignard*,
tinus e Patribus regii Ludovici Magni collegii
Parisiensis. Hæc te scire volui : fruere igitur
et vale.

MATTHIÆ CASIMIRI
SARBIEVII
VITA.

Matthias Casimirus Sarbievius in gentilitiâ Sarbieviorum villâ in Masoviæ Ducatu, Palatinatu Plocensi natus anno 1595. patrem habuit Matthæum Sarbiewski, matrem verò Anastasiam Milewska, utrumque illustri ac equestri ordine. Statim atque per ætatem licuit, in Pultoviensi gymnasio literis operam navavit, quibus insigniter eruditus Societati nomen dedit, anno 1612. Vilnam missus in tirocinio biennium exegit, ubi B. Stanislai Kostkæ, consanguinei sui, virtutes æmulari studuit. Philosophicum deinde curriculum emensus, in Academiâ Vilnensi docendi munere per aliquot annos perfunctus est. Theologicis studiis jam maturus Romam, comite Nicoleo, proficiscitur. Per Marchiam & Saxoniam itinere instituto, prope Bambergam Franconiæ urbem in latrones inciderunt, quibus suam omnem viaticam pecuniam ad assem tradere coacti sunt : sed a Patribus Bambergensibus novo subsidio recreati inceptum iter

peregerunt, Romamque pervenerunt ; ubi Nicoleus
non ita multo poft, fractis in itinere longo ac difficili
viribus, febri acutâ vehementeque mortuus eft.

Theologiæ ftudia aufpicatus magnam fui exfpectatio-
nem fecit. Ea tamen ftudia interdum intermittebat, ut
genio fuo aliquantifper indulgeret, & poëticam exco-
leret. Quod eo fucceffu fecit, ut Theologiæ alumnum
fe fimul diligentem, & Poefeos profefforem præberet
non inutilem. Quippe quæ Vilnæ *De acuto & arguto* an-
tea docuerat, hæc eadem, amicorum precibus lacessi-
tus., Rómæ prælegere. per Auguftum & Septembrem
inftituit, in ipfis Rhetoricæ fcholis, non fine magnâ
plaudentium Romanorum frequentiâ. Hinc facilè venit
in amicitiam doctissimorum quorumque virorum, qui
tunc Romæ verfabantur : quorum ille nomina fuis
passim in carminibus laudata confecravit. Antiquitatum
quoque cognitionem eximiam confecutus eft, docente
ipfum per omnia urbis monumenta Alexandro Donato,
& fedulam in veteribus ftatuis ac numifmatibus per-
veftigandis induftriam adhibens, fundamenta jecit operis de *Diis Gentium*, quod poftea quatuor in libros
diftributum perfecit. Singularem Urbani VIII. benevo-
lentiam odarum aliquot ope demeritus eft, quibus tam
mirificè captus eft eruditus Pontifex, ut eum non poë-
ticâ tantum laureâ donaverit, fed cùm Breviarii emen-
dationem procuraret, in hymnis quibufdam caftigan-
dis & ad metricas leges revocandis, vel novis etiam

condendis , Sarbievii operâ usus sit : Paschalis hymnus *Ad regias agni dapes* non alium quàm Casimirum nostrum emendatorem habet.

Absolutis Romæ Theologicis studiis , in Poloniam rediit : abeunti & ultimam benedictionem ab Urbano VIII. petenti, Pontifex suis ipse manibus numisma aureum , dum ab osculo pedum assurgeret , ad collum suspendit. Vilnæ Rhetoricam iterum docuit, deinde philosophiam professus est : denique cùm ad Theologiam prælegendam admotus fuisset , & in eâ doctor , præsente Ladislao VI. Poloniæ Rege , crearetur, detraxit Rex digitis suis regalem annulum, quo doctorem candidatum inaugurari voluit. Idem ille annulus est , qui Doctorum inaugurandorum etiamnum inseritur , & in Vilnensis Academiæ archivo asservatur ; egregium regiæ liberalitatis , & singularis de Sarbievio existimationis monumentum. Tam inauditæ benignitati cumulum adjecit Ladislaus , cùm ipsum , ut sibi a sacris concionibus esset , elegit. Quo in munere Sarbievius & aulæ vitia liberè carpere non destitit , & nihilominus Principi acceptum se pariter atque aulicis præstitit. Ladislao in primis sic erat carus , ut eum itinerum suorum omnium & sæpe etiam venationum (quâ occasione Silviludia scripsit , propter immaturam mortem minùs accurata) socium sibi asciscere soleret : eodem comite ad Thermas Badenses profectus est ; ubi ille tum in pangendis novis carminibus , tum in Lechiade suâ perpoliendâ otium & operam collocavit.

Mirum profectò, quàm assiduius effet Sarbievius in legendis poëtarum operibus : repertus dicitur in Drohicensi Patrum Societatis Jefu domo, quam *residentiam* vocant, Virgilius, cujus in calce ipfe notaverat quoties únum quemque poëtarum perlegiffet : Virgilium fexagies, ceteros decies & amplius a fe perlectos effe teftabatur. Temporis erat parcissimus: si quid infomnis noctu non infeliciter cogitabat, ne id sibi periret, nigram ad lectulum tabulam collocaverat, ut si fortè infigne aliquod hemiftichium quod vocant, aut aliud quodcumque ftudiis accommodatum menti fuccurreret, cretâ continuò maneret obsignatum. Sed quod longè pluris est, virtutum famâ æquè atque ingenii laude claruit. Quantus fuerit ejus in Chriftum patientem amor, quàm eximia in Deiparam Virginem pietas, quantum religiofæ paupertatis ftudium, faftidiumque terreni hujufce ergaftuli, ex carminibus quæ prælo iterum fubjicimus, facilè quivis poterit intelligere. Votorum compos mortalitatem exuit, cùm annum ætatis quadragesimum quintum nondum compleviffet, anno M. DC. XL. die 2 Aprilis, ipfo tempore quo Amicorum ejus maximus Staniflaus *Lubienski*, Plocensis Epifcopus, animam ageret; quam quidem, quatuor poft Sarbievium diebus, omnium Creatori reddidit.

MATTHIÆ

MATTHIÆ CASIMIRI
SARBIEVII
LYRICORUM
LIBER PRIMUS.

ODE I.

AD URBANUM VIII. PONTIFICEM.

Defcribit bona quæ fummum Urbani VIII. Pon-
tificatum univerfo orbi commendatura funt.

JAM minæ fævi cecidêre belli :
Jam profanatis malè pulfa terris
Et Salus , & Pax niveis revifit
   Oppida bigis.

A

Jam Fides & Fas , & amœna præter
Fauſtitas læto volat arva curru :
Jam fluunt paſſim pretioſa largis
    Secula rivis.

Candidi ſoles , veteriſque venæ
Fontibus nati revocantur Anni ;
Grandinat gemmis , riguoque cælum
    Depluit auro.

Meque veraci ceciniſſe plectro
Inter Octobres , tua feſta , pompas ,
Priſca Saturni rediiſſe ſecla ,
    Approbat orbis.

Aurei patrum niveique mores ,
Exſul & ſerà procul uſque Thule
Candor & pulchro remeare Virtus
    Audet Olympo.

Lactis & fuſi per aprica mellis
Garruli campos ſecuère rivi ,
Et ſuperfuſo tumuère plenæ
    Nectare ripæ.

Lætior vulgo ſeges inquietis
Fluctuat culmis , titubantque frugum
Uberes campi , nec avara ſulcis
    Invidet Æſtas.

Paſtor errantes comitatus hœdos
Provocat raucas calamo cicadas ;

Mugiunt colles , & anhela feffis
        Silva juvencis.
Pace fubfultant juga , pace rident
Tetricæ rupes : leve feparatos
Otium colles amat , & fequeftri
        Gaudia pagi.
Te Ceres flavis redimita culmis ,
Magne pacati Moderator orbis ,
Te fuis Æftas opulenta circum-
        fundit ariftis.
Supplici myrtus Tibi fervit umbrâ ,
Serviunt lauri : Tibi celfa longè
Quercus affurgit , tremuloque pinus
        Vertice nutat.
Siderum præfes , dominufque terræ ,
Lucidâ Romam fpeculatus arce ,
Regna tranquillet , cupidoque Patrem
        Te velit orbi.
Laurus annofum Tibi fignat ævum :
Fata te norint , properentque Parcæ
Nefcium carpi Tibi deftinatos
        Stamen in annos.
Quæque formofos fedet inter ignes
Sedulam pro Te miferata Romam
Virgo , quam circum glomerantur albis
        Aftra choreis ,
           A ij

Curet effufas Latii querelas :
Virginum caſtas juvenumque voces
Curet , & votis procerum reclinem ac-
commodet aurem.

·ODE II.

AD AURELIUM LYCUM.

Ne plus æquo de adversâ fortunâ queratur.

INDIGNAS, LYCE, nænias ,
  Et mœftum gemitu pectus , & hifpidis
Frontem nubibus expedi ,
  Cùm Sol non folito lumine riferit ,
Et Fortuna volubilis
  Fati difficilem jeceriè aleam.
Quod vexant hodie Noti ,
  Cras lambent hilares æquor Etefiæ.
Mœftum Sol hodie caput ,
  Cras lætum rofeo promet ab æquore.
Alterno redeunt choro
  Rifus & gemitus , & madidis prope
Sicci cum Lacrymis Joci.
  Nafcuntur mediis Gaudia Luctibus.
Sic fatis placitum : fuis

Tempeſtiva fluunt fata periculis.
Feſſos duxit heri boves ,
   Dat magnis hodie jura Quiritibus ;
Et quæ bobus ademerat ,
   Imponit Gabiis & Curibus juga.
Idem Phoſphorus aſpicit
   Magnum , quem tenuem viderat Heſperus.
Quòd ſi ſeria ludicris
   Fortunæ placeat texere , ruſticus
Heſternam repetet caſam ,
   Ridentis populi non humilis jocus ;
Et queîs rexerat omnia ,
   Findet laurigeris ligna ſecuribus :
Quòd ſi defuerit ſalix ,
   Faſces pauperibus ſubjiciet focis.

ODE III.

AD URBANUM VIII.

Urbani VIII. laudes celebrat.

URBANE Regum maxime , maxime
URBANE Vatum , Pegaſeus Tibi
   Temo , volaturuſque latè
      Regna ſuper populoſque currus

Jam dudum apud me eſt. Eripe Te ſolo :
Oblivioſis eripe nubibus
   Nomenque laudeſque. O Deorum
    Concilio , patrioque quondam
Promiſſe cœlo ! Te ſupra inclyta
Terrarum & altas Acroceraunia
   Egreſſa nubes , Te-ſuperni
    Colla ſuper humeróſque Pindi
Attollere altè , non ſine numine ,
Luctabor. Ibis , ſub pedibus pigras
   Urbes relicturuſque gentes ,
    Attonitæ novus hoſpes auræ ,
Hàc unde vaſti litora Nerei ,
Amneſque , campoſque , & juga deſuper
   Arceſque mirari , & naturæs
    Oceano numerare terras
Coram licebit. Jam Tibi barbarus
Circùm ſupinis collibus annuit
   Hæmus , ſalutatàque longè
    Attremit Acrocorinthus aulâ.
Ter pronus Othrys , ter trepidæ latus
Subſedit Oſſæ , ter Rhodope nives ,
   Sacraſque ſubmiſêre honres
    Emathii capita alta Pindi ,
Sacerque Phœbo Cynthus , & aviæ
Acuta Cirrhæ. Laurigeris Tibi

Thyrfis coronatus Cythæron,
  Et patulâ nemorofa pinu
Pangæa gaudent brachia frondium
Longè tetendiffe, & procul obvios
  Currus adorare, & volanti
    Ardua fuppofuiffe terga.
Hinc ire pompas, hinc Tibi præpetes
Centum fuperbis ire curilibus,
  URBANE, Mufas, atque aperto
    Ire fines tua facta cælo.
Auditis? an me ludit amabilis
Imago pompæ? Jam videor pios
  Audire plaufus, & frementes
    Cæruleum per inane turmas.
Hinc & tepenti vectus ab Africo
Apum fonoro exercitus agmine
  Leni ter URBANUM fufurro,
    Ter refonis fremuêre pennis.
Ter vecta terris ac pelago fuper
Refpondit Echo : ter lituis procul,
  Sparfæ ter URBANUM Camœnæ
    Pindaricis cecinêre plectris.
Audivit ingens Pontus, & Infulas
Erexit omnes : ilicet Africæ
  Plausêre & Europes, & unâ
    Americes Afiæque regna.

                    A iv

Lætæque tandem , Currite fecula ,
Dixêre Mufæ : currite candidis
 Horæ quadrigis ; ite , magni
  Secula deproperate Menfes.
Dixêre Mufæ : protinus aurea
Risêre longùm fecula , fecula
 Auro laborata , & recufo
  In pretium emicuêre vultu.

ODE IV.

AD CRISPUM LÆVINIUM.

Ne nimiùm adolefcentiæ fidat.

VIVE jucundæ metuens juventæ
CRISPE LÆVINI ; fugiunt avaræ
Menfium Lunæ , nimiumque volvi
  Lubricus æther.
Tu licet multo pretiofus auro
Gemmeâ veftem moderêre zonâ ;
Et fuper collo Tyrias amicet
  Fibula lanas :
Jure Phœniffis vaga penna criftis
Stare labenti dubitat galero :

Jure, quo fulges, timidum refigi
     Palluit aurum.
Quod tibi largâ dedit Hora dextrâ,
Hora furaci rapiet finiftrâ :
More fallentis tenerum jocosè
     Matris alumnum.
Mobiles rerum dubiique cafus
Regna mortalis tenuêre vitæ :
Sedulus metæ, properat fugacis
     Impetus ævi.
Tardiùs ponto volat Adriano,
Quam ratem merfi pepulêre remi,
Et repentinis animofa trudunt
     Carbafa ventis.
Omnibus mundi Dominator Horis
Aptat urgendas per inane pennas :
Pars adhuc nido latet, & futuros
     Crefcit in annos.

ODE V.

AD URBANUM VIIL

Laudat ejus Pontificatum quem beat bonorum
omnium copia.

Nuper receptâ bella super Tyro ,
Pugnasque serùm ludere distuli ,
   URBANE : nunc jurata lenem
    Increpuit Tibi Musa buxum.

Per Te reficto ferro adamantinum
Offulsit auro seculum , & undique
   Gazis coronatumque gemmis ,
    Purpureo revirescit ævo.

Quo feta quondam nectare flumina ,
Ultróque septem balsama collibus
   Manare , vinoque & liquenti
    Melle vagos properare rivos ,

Et sponte sero vespere turgidas
Ad septa narrant lanigenum pecus
   Mammas reportare , & comatum
    Assyrio grave vellus auro.

Te Fas Piumque , & Justitiæ comes ,
Utcumque sacrum lætus agis pedem ,

Candor coronat : Te fidelis
Propofiti ftudiofa Virtus.
Te ponè flavo larga Ceras finu ,
Rerumque plenis non ,fine cornibus
   Felix Amalthee citatis
     Rura fubit populofque bigis.
At Vis , & ater Luctus , & æneis
Stipata centum Bella furoribus ,
   Curæque , pallentefque Morbi , &
     Fœda modis Simulacra miris
Cefsère retrò. Te Duce Fauftitas
Secura frugum rura perambulat ,
   Tutæque per vafti tumultus
     Carpathii volitant carinæ.
Te feriati cum pueris fenes ,
Nec non reclufæ cum nuribus canunt
   Regem puellæ : five reddit ,
     Sive citum rapit hora folem.
At Nos recurvo poplite per vias
Patrem colentes , ter niveum Tibi
   Limbum liguftri , ter rofarum
     Puniceum jaciemus imbrem.

ODE VI.

AD PRINCIPES EUROPÆ.

De recuperando Orientis Imperio.

Nondum minaci cornua Bofporo
Decuffit audax Pontus , & efferis
    Servire Neptunus Gelonis
        Turpe gemit , refonafque fluctu
Plangente ripas Thraca rebellibus
Immugit undis. Emathiam pudet
    Frenos momordiffe , & Pelafgos
        Odryfis dare colla loris.
Mœrent tenaci compede Cyclades
Pigræ moveri : mœret Achaica
    Tethys, inæqualefque campi
        Perpetuo lacrymantur Hebro.
Semperne nigras Æthiopum domos ,
Vel , quæ fuperbus præfluit oppida
    Ganges , Abydenafque turres
        Supplicibus tremuiffe pinnis
Formidolofam invenit Artacen ?
Sefeque captum Bofporus omnibus

Undis , Erythræoque , & alto
　　Ionio Arabioque ploret ?
Vani futuri temporis augures
Fecunda rerum fecula difcimus :
　　Si non retraɛtamus fideli
　　　　Tela manu , tacitoque gaudet
Vagina ferro ; fi clypei vacant ,
Haftæque , & arcus. Non animi placent
　　Parci laborum , non magiftræ
　　　　Conɛilii , fine Marte , linguæ.
Fruftra Novembres dicimus ad focos
Pugnata Rætis bella fub Alpibus :
　　Fruftra renartamus Gelonum
　　　　Verfa retro retuliffe figna :
Si non & ipfi ftringere Noricos
Audemus enfes : quos malè barbara
　　Non decoloravère terga ,
　　　　Sed Tyrio Latiale fuco
Illevit aurum , non fine gemmeo
Circumfonantis fulgure balthei , &
　　Grato catenarum tumultu ,
　　　　Et fonitu phalerarum acuto.
Formofa fortes arma timent viros ,
Frangique nolent , feu profugus Scythes ,
　　Seu creber e campis agetur
　　　　Myrmidonum Dolopumque nimbus.

Quicumque furas & caput induet
Auro, Quirites, exuet Italum :
  Civifque Romanus negari
    Impavido patietur hofti.

Nec qui capillum finget, & aureum
Solem refufis crinibus allinet,
  Dicemus Umbrum, qui frementes
    Antiochi Annibalifque turmas

Rurfum efficaci diruat impetu,
Alpefque, claufumque intrepidâ manu
  Perrumpat orbem. Sic citatis
    Secula degenerare metis

Sancit futuri temporis Arbiter :
Certoque prudens ordine fegreges
  Metatur annos. Nunc feveris
    Artibus ingenioque pugnax

Affulget ætas : nunc melior foro
Geftit difertis fervere jurgiis.
  Hæc Thracas audacemque Beffum,
    Hæc Cilicas pavidofque Seras

Produxit ætas. Nos fenio piger
Effudit Orbis, dedecus ultimum
  Mundi, fatifcentifque naturæ
    Opprobrium. Malè nata proles,

Quicquid bonorum reftitit (heu nefas !)
Morum, fceleftâ deterimus notâ,

Mentifque & excelfi latrones
  Ingenii , violenta fraudum
Tormenta fanctis addere dotibus
Laudamur ultro ; nec fcelerum pudet :
  Virtufque clamatur fagacem
    Flagitio violare dextram.
Iras & enfes vendimus , & manum ,
Hac , unde nummis aura refulferit :
  Sparfique tinnitus ad auri
    Sollicità vacat aure vulgus.
Et quà fecundis jecit honoribus
Bene ominatam mobilis aleam
  Fortuna , mentitur caducæ
    Plebis honos , pofitoque fallax
Accumbit omnis poplite civitas ,
Perjura fefto furgere cum joco ,
  Cùm pompa ftipantûm , & dolofi
    Præteriit breve fulgur auri.

ODE VII.

AD TELEPHUM LYCUM.

Fortunæ rerumque humanarum inconstantiam
accusat.

Eheu, TELEPHE, ludimur:
 Fortunæ volucri ludimur impetu.
Æternum nihil est : cadet
 Quod surgit : sed adhuc surget, & occidet
Ritu præcipitis pilæ,
 Quæ cùm pulsa cavâ rejicitur manu,
Nunc lenes secat Africos,
 Nunc terræ refugis absilit ictibus.
Vesper vespere truditur :
 Sed nunc deterior, nunc melior subit.
Anni nubibus insident,
 Incertis equitant lustra Favoniis,
Cœco fecula turbine.
 Hæc, quam Pieriâ decipimus lyrâ,
Juncto fulminis essedo,
 Eheu ! quàm celeres Hora quatit Notos ?
Nec gratæ strepitum lyræ,
 Nec curat miseræ carmina tibiæ :

Et quanquam canitur levis ,
Sefe tota fuis laudibus invidet.
Magnas interea rapit
Urbefque & populos , & miferabili
Reges fubruit impetu.
Et fceptri decus , & regna cadentium
Permifcet cineri ducum ,
Auratafque trabes , & penetralia ,
Et cives , fimul & fuper
Everfis fepelit turribus oppida.
Ac mundi procul arduas
Stragefque & cumulos, ac Procerum pyras
Fefta nube fupervolat ;
Stellarumque rotam , & longa breviffimo
Curfu fecula corripit.
Dum nobis taciti diffugiunt Dies
Eheu ! TELEPHE , ludimur ,
Fatorum rapidà ludimur orbità.
An nos fallimur ? an fuam
Rerum pulcher habet vultus imaginem ?
Et funt quæ , LYCE , cernimus ?
An peccant fatuis lumina palpebris ,
Et mendax oculi vitrum ?
An longi trahitur fabula fomnii ?

ODE VIII.

Seculi focordiam perfequitur.

Aut nos avaræ vendidimus Tyro,
Aut ufque Thulen mifimus exfules
    Cultus avorum. Non Honoris
        Præcipiti libet ire clivo :
Non fceptra Pyrrhi, non Agamemnonis
Leto pacifci ; non Haliattici
    Veiente permutare faxo
        Uber, Achæmeniumque Tigrim.
Nefcit fevero livida brachia
Signare ferro ; nefcit idoneis
    Tyro reluctantem lupatis
        Frangere equum, metuitque torvum
Tranare Tibrim, cùm nivibus fatur
Exæftuanti frena licentiæ
    Permifit, emovitque ripam
        Affiduæ metuendus Urbi.
Quòd fi procacem fregit equus gradum,
Micatque nervis, & genibus tremit :
    At non lupercales iifdem
        Nefcius affimulare faltus,
Et cùm peritum fiftra citant pedem,

Doctus choreæ. Frangite barbita ,
 Nervofque , dementemque buxum
  Femineo prohibete cantu.
Auditis ? Iftri litora perfonat
Ferale cornu. Jam capita Alpium
 Magnæque refpondêre montes
  Aufoniæ : novat arma Mavors ,
Urbefque tectis elicit. Ibimus ?
An nos Caleno menfa tenet mero ,
 Cenæque regnorum redemtæ
  Divitiis populique cenfu ?
Quas cùm recedens viderit Hefperus ,
Surgens eafdem Phofphorus afpicit ,
 Et ridet afpecto renidens
  Luna mero , radiofque tingit ;
Dum nos Lyæo. regificis fuper
Defcripta menfis prælia pingimus ,
 Fufoque metamur Falerno
  Mœnia , diluimufque foffas.
Surgamus. Indo lutea Nereo
Sublucet Eos : jam radiantium
 Flatus quadrigarum , & citatæ
  Oceanum repulêre plantæ.
Surgamus. Omnes prima vocat dies ,
Et Phœbus : at non nofter ab Indiis
  Phœbus , Quirites , nec Latino

Orta dies famulatur orbi.
Totumnę diris Mane Othomanidis
Impendet æther ! Pro pudor ! Occidens
Nobis , fatigatufque tantùm
Hefperium prope Phœbus axem
Turpi Latinfs vefpere ferviet ?
Surgamus : Œtam Gadibus & Paron
Addamus , Auroramque Nofti , &
Baftra Tago , Tiberique Gangem.

ODE IX.

AD NICOLAUM VEIERUM PALATINI
CULMENSIS FILIUM.

Redit in patriam optatiffimus , & dotibus animi
commendatiffimus.

Ibis , belligeræ regna Poloniæ .
Et gratæ repetes limina Patriæ :
Quæ te voce diu , quæ prece flagitat
Paffis obvia brachiis.
Ceu quem velivolis præpes Etefiis
Navis divitibus diftinet infulis
Dileftum juvenem , quem modò barbara
Auri corripuit fames ,

Mater folicito fpectat ab æquore ,
Et lentum pelagi damnat Oriona ,
Et ventos gemitu duplicat , & pigro
   Affundit lacrymas mari :
Si fors , edomito fletibus Æolo ,
Indo fole niger filius advolet ,
Et longi memores exfilii notas
   Caris deleat ofculis.
At tu nec ftudio mercis idoneus ,
Infamifque lucri , nec fitiens opum ,
Quas feptem geminis prodigus oftiis
   Aut Ganges vomit , aut Tagus,
Invifes patrium limen , amantior
Infignes animi quærere copias ,
Et vi confilii promptus , & ubere
   Venâ divitis ingeni.
Te rerum fapiens ufus & imperi ,
Te felix operum fpiritus addecet ,
Et vox fe populo fundere largior
   Plenæ flumine copiæ.
Fortunæ volucrem mitte licentiam :
Hoc appone lucro , quod tuleris fimul
Quò te cumque feres : feu per inhofpita
   Rauci litora Bofpori ,
Et captum niveâ compede Nereum :
Seu pacis dubios Thracas , & afperum

Perfen, feu refugum vifere Concanum
Legatus properaveris.
Virtutem folidi pectoris hofpitam
Idem portat equus, qui dominum : neque
Aut campo melior ponè perambulat,
Aut menfæ comes affidet.
Illam cana Fides, nudaque Veritas,
Et ferrugineæ plebe Pecuniæ
Circumfufus Honos, & fequitur propè
Albis Fama jugalibus.

ODE X.

Laudes Urbani VIII.

Non folus olim præpes Horatius
Ibit biformis per liquidum æthera
Vates ; olorinifve latè
Cantibus, Æoliove terras
Temnet volatu : me quoque defides,
Tranare nimbos ; me Zephyris fuper
Impunè pendere, & fereno
Calliope dedit ire cælo,
Et quà licebit nubibus & facrum
Vulgare cælo carmen : eburneam

Lyramque fufpendam, tubamque
  Colla fuper, niveifque leves
Plumis lacertos. Me nec inhofpita
Siftent oborti litora Nerei,
  Rupefve inacceffæ ferarum, aut
    Verticibus fcopulorum acutis
Armata Tethys. Me juga Caucafi,
Me canus Atlas, me mare barbarum,
  Latéque dejeftis uterque
    Audiet Oceanus procellis.
Ut fe quieto cunfta filentio
Stravère latè : Pieriæ fimùl
  Fontes Amimonæ, & canoris
    In numerùm cecidère lymphis.
Doftùm fluentis murmura Penei
Sacroque Nifæ e vertice tympana,
  Lyræque, buxique, & remifta
    Cum lituis citharifque pleftra
Fregère nubes. Hinc Tibi Gloria
Latè per orbem differet aureum,
  URBANE, nomen, quà corufco
    Concutitur Jovis aula curru,
Septemque fefe fideribus pigrum
Evolvit ævuṃ. Protinus ultimis
  Afris, coronatis Serum
    Mœnibus, Oceanoque rubro

Nofcère magnus. Jam Tibi tinnulus
Fert fiſtra Nilus : jam Berecynthia
   Curetes æra , jam frementes
    Rauca crepant Corybantes arma.

Te Vaticanis Maurus & Æthiops
Affuſus aris , Te tepìdi eanunt
   Devexa mundi , Te remotæ
    ·Litora perſonuère Chryſæ.

Magnuſque latè diceris arbiter
Cælumque , Terraſque , & Maria , & Styga ,
   Amnemque Cocyti feverum , &
    Elyſiam cohibere Lethen.

Tibi (benignæ fi qua fides fpei)
Sternentur olim magnanimæ ad pedes
   Genteſque Regeſque. O caduci
    Præfidium columemque mundi ,

Jam nunc labantis pondera feculi , &
Depræliantûm funera Principum ,
   Pronaſque regnorum ruìnas
    Confilioque humeriſque fiſte.

Tardum fereni partibus ætheris
Te Sidus·addas ; neu properes citus
   Menfis reclinari , & faventûm
    Ambrofiæ accubuiſſe Divûm.

Serò receptum Roma fleat Patrem ,
Tuiſque lóngûm vivere moribus

                   Poſſint

Poffint Quirites, pôffit ingens
  Curia, purpureique Patres.
Diuque gaudens & cupidus Tibi
Incumbat orbis : certus ames Remi
  Urbemque prolemque, ac merenti
    Quamquam avidus Tibi debet æther,
Repofce Divos præmia lentior:
Paullumque differ fidera, dum Tagum,
  Dum Bætin, undantemque bello
    Eridanum, Ligerimque places;
Dum fractu feptem cornua montibus
Submittat Hebrus; dum Tibi Theffalum
  Ducat catenatus Tyrannum in
    Perniciem opprobriumque Patus.
Jam tum tropæis & fenio gravem
Aurata ftellarum ad Capitolia
  Longis revertentem triumphis
    Signiferæ vehat axis aulæ.
Quò Mufa vatem, non memor Icari,
Tollis relapfurum? His potiùs gravem
  Depòne ripis, & dolofas
    Deme humeris digitifque plumas:
Tibrimque propter ducere languidòs
Permitte fomnos, & fuper ilice
  Lyramque pendentemque buxum
    Ambiguis fluitare ramis.

                              B

ODE XI.

AD STEPHANUM PACIUM
MAGNI DUCATUS LITHUANIÆ SUPREMUM
THESAURI PRÆFECTUM.

Equeſtris elegantiæ jaſtantiam reprehendit.

Non auro, neque tinnulis
    Pugnandum phaleris : & chlamydum ſinus
Et nodos, & inutiles
    Gemmas belligeris demitte brachiis.
Quid levem galeam juvat
    Plumarum volucrem ferre ſuperbiam ?
Cur ſparſas agitat jubas,
    Et conus tremulis annuit Africis ?
Cur tectum pavidam caput
    Ementitur avem, cùm leve ſibilis
Aurarum & Zephyri joco
    Furtum Mygdoniæ proditur alitis ?
Jam grando chalybum imminet,
    Telorumque frequens aura volantium
Imbelli galeæ inſonat :
    Jam Martis tonitru mugit, & obvium
Medi fulgur acinacis.

Quid profunt phaleræ ? quid galeæ jubar ?
Quid lætæ Zephyris comæ ?
  Aut umbo clypei quòd procul æmulis
Lucem folibus invidet ?
  Quid vultus nimium fedulus afpici ?
Quid pictus pharetræ timor ?
  Aurum frenigerâ rejice dexterâ :
Ferro res eget & manu
  Et magnis animis. Hæc tuleris tria ;
Dicam Geryoni parem ,
  Quem nec populifer proruat Hercules ,
Nec cælo nimius Mimas ,
  Nec durâ Idomeneus, aut Sthenelus manu.
Bellis adfit idonea
  Incomtæ facies lege ferociæ ,
Quam fuci decor abftinens ,
  Lafcivæque carens formâ protervia ,
Et ferri memores genæ ,
  Hefternique notent vulnera prælii.
Criftæ non facient virum ,
  Non arguta fuis colla coralliis.
Thoracas Pavor & Metus
  Dicuntur Siculis fingere malleis ,
Et primi fcopulis fuper
  Procudiffe vagis fcuta Cydoniis.
Nos ftultum tegimur caput ,

B ij

Et leto tenues objicimus moras.
At quos eruerit sibi,
  Directis oculos invida spiculis
Mors affingere creditur.
  Fatis mille loci, mille patent viæ:
Sed signat jaculis locum,
  Qui vultum subitis dimovet istibus,
Devotumque mori latus
  Objectu tremulæ protegit ægidis,
Nudos bella pavent viros:
  Audentes animos ipsa volunt prope
Declinare pericula.
  Cùm consanguineæ ferrea Græciæ
Hector rumperet agmina,
  Torvis sæpe genis turbidus obvios
Fati terruit impetus.
  Quos Fortuna timet, vitat; & acrium
Differt prælia mentium;
  Et Mors sæpe viris invidet auream
Famæ pandere semitam.
  Quòd si belligerâ cesseris orbitâ,
Post te fata citaveris,
  Ostendesque neci, quâ fugies, viam.

ODE XII.

AD PRINCIPES IMPERII ROMANI.

De recuperandis Græciæ Provinciis.

At non fupina femper in otio
Perdemus ævum. Surgite, Dardani
 Cives, triumphatumque captis
  Imperium reparate Graiis.
Implete claffes, tendite carbafa,
Inferte remos : ite volentibus
 Fatis, Quirites, ite : ventis
  Veftra tument animifque vela.
Eft, qui locantem bella pecuniam,
Novifque rebus poftulet utilem
 Nervum? Quis ærumpentis auri
  Fluxit ager potiore vena.
Cuniculofi montibus Orici ?
Ferro, Quirites, fi libet, abditam
 Mercemur aurum. Qui vibrati
  Glandibus emeruiffe plumbi
Gazas potentûm fciverit urbium,
Hic magna parvo lucra paraverit
 Sumtu : nec exponetur aurum ;

Nec Tyriæ Cypriæve merces ,
Quas non cruentus Martis emat chalybs ,
Seu per reluctantûm agmina Biftonum ,
Et per recedentes Gelonos
Vulnifico pluit aura nimbo :
Seu fulminatis diruta molibus
Caftella denfis bella tonitruis
Emoliuntur ; cùm caduco
Mœnia concutientur igni ,
Capique verfis turribus annuent
Arces , & omnis copia , & obice
Centum catenarum gementes
Divitiæ pedicifque ferri.
Jam penè gazis Bactra timent fuis ;
Jam dives Aule , jam Cythereïæ
Conchæ , Micenæique cenfus ,
Et Tyros , & Genoëffa. flavo
Pallefcit auro. Jam prope decolor
Albet fuperbis Creta coralliis ;
Phthieque , & interfufa Cypros ,
Ditibus ingemuêre ripis.
Eft , quem comantûm gratia montium ,
Aut floridorum tangit amœnior
Vultus viretorum , vel uda
Mobilibus Cynofura rivis ?
Hunc emta multo fanguine refreent

Tempe , vel acti Pelion , aut Samos
 Afferta bello , vel virentis
  Silva Cragi , vel opaca leni
Pangæa quercu. Nec viridem Gnidon ,
Altamque Dymen fpreverit , aut retro
 Spiffis coronatam falictis
  Olenon , umbriferamque Tricen.
Non lympha Cydni , non vitreus Meles
Lenifve puro Lydius agmine ,
 Non mite cryftallum Lycormæ ,
  Non gelidis Arafinus undis
Defiderantem non benè lubrico
Soletur amni , fi modò bellicâ
 E ftrage fumantes capillos ,
  Et tepidus linat ora pulvis.
Eft qui fupinâ certet amyftide
Obliviofum ducere Liberum ?
 Hunc Lesbos , hunc vinofa Crete,
  Hunc Paphii rogat ora Cypri
Laxare ferrum. Nec Rhodus abnuit ,
Nec , non feveri ftrenua Cæcubi ,
 Naxos : nec illaudata Trachin ,
  Aut refides Amathuntis arces
Nolent cruentis ictibus afferi ;
Aut qui propinquis æthera rupibus
 Affectat Edon , aut maritus

B iv

Vitiferis Aracynthus ulmis.
Eft cui fupellex, & vigil ignibus
Rifit caminus? cui pecorum placent
 Armenta? cui latè ,reductus
  Hinnit ager, fluviique halant
Cantu fonori blandius Orphei?
Illum juvencis poftulat hofpita
 Pleuros, Cleonæique colles,
  Et pecorum ftudiofa Throezen,
Cææque valles, vel Calydoniæ
Dumeta filvæ, vel redeuntibus
 Saltata Gortyne capellis,
  Cùm rofeus tegit arva vefper.
Si quis virenti limina marmore,
Saxoque poftes & laquearia, &
 Fingat pavimentum, Caryfton
  Et variam Salamina, juftis
Repofcat armis. Hinc Phrygium prope
Baccata longis Attica collibus
 Defcendet in tectum, & videnda
  Porticus adjicietur aulæ.

2

ODE XIII.

AD TARQUINIUM LAVINIUM.

Æquam in adversis non secus ac bonis mentem
esse servandam.

Non si sol semel occidit,
  Non rubris iterum surget ab Indiis?
Nec si quos celeris rotæ
  Sors non exiguo proruit impetu;
Non lapsos iterum levet,
  Arguto docilis ludere cum joco?
Ne spem projice, TARQUINI:
  Cujus pæne retro lambere pulverem
Et vestigia diceris,
  Cùm Fortuna levem verterit orbitam,
Effusam super & luto
  Fumantem poteris cernere purpuram.
Tunc & risibus abstine:
  Neu turpi dominæ lumina paveris:
Neu calces nimium, memor
  Fortunæ geminam sæpe jaci pilam.

B v

ODE XIV.

AD JULIUM FLORUM.

Curam Lyncei adolescentis illi commendat.

Nullus effrenæ rabiem Juventæ
Æstus Ætnæi superet camini :
Nulla conceptos jaculantis ignes
    Ira Vesevi.

Crescit infestis animosus ausis
Ardor, & primæ juvenile vitæ
Robur, adversum sibi, luctuosis
    Diffidet armis

Sic ubi densis Aquilo procellis
Bella montanis meditatur Estris,
Et potens igni Notus, & sonorus
    Imbribus æther :

Hinc repentinos struit aura montes ;
Inde bacchantûm patiens procellarum
Ingemit litus, resonumque saxis
    Tunditur æquor.

Fervet hinc illinc inimica Tethys :
Pacis incertus, dubiusque belli
Fluctuat Pontus, cui militares

Inftruat undas.

Mollior læfi tamen ira Ponti,
Lenior motis Aquilo procellis,
Puberum , JULI , quatiente cæcas
    Turbine mentes.

Hic ubi pugnax equitavit Aufter;
Incitæ remis volitant carinæ ,
Quas leves auræ , facilifque veli
    Trudit Iapix :

Quæ femel certo metuendus arcu
Fixit aut recti timor , aut cupido ,
Rara pacatis agitata fidunt
    Pectora curis.

Fortiùs pugnes juvenum domando
Spiritus , æquàm fi juga feriatis
Induas tauris , vel equina Pœno
    : Frena leoni.

Jure florentes moderaris annos
Lyncei : duris meritò lupatis
Corripis frenum , fpatiique parcum
    Flectis ephebum.

ODE XV.

AD EQUITES POLONOS

Cùm LADISLAUS *Poloniæ Princeps,* fuſo
Oſmano Turcarum Imperatore, victorem
exercitum in hiberna reduceret.

CREDETIS, io, credite, Poſteri,
Fractos pudendo Bistonas impetu
  Ceſſiſſe, & infauſtis redemtam
    Funeribus pepigiſſe pacem.
Quis tunc recentes Odryſiis timor
Affixit alas, cùm refugas metu
  Præ ſe LADISLAUS phalangas
    Fulmineis agitaret armis?
Quantus Gelonis, quantus erat fegis
Sudor Corallis? cùm prope decolor
  Iſter, verecunduſque capti
    Boſporus erubuiſſet undâ.
Cùm verſa Thracum parma trementibus
Fronderet haſtis, cùm celer Artacen,
  Turreſque Byzanti probroſis
    Concanus aſſonuiſſet armis.
An nos repenſam ſanguine gloriam
Fruſtra futuris emimus? An ſuos

Exempla diffingent nepotem
   In proavos ? fimilemque patri
Gnatum reponent ? Quatenus (heu pudet !)
Pejor nefaftis progenies avis
   Succrevit , & damnofa pulchras
      Secula diminuêre vires.
Vel nos avitæ ftemmata gloriæ ,
Currufque , & enfes , nuper & hofticis
   Direpta delubris tropæa ,
      Æmoniæ monumenta pugnæ ,
Uramus igni. Neu;pudeat facros
Mentita vultus frangere marmora :
   Non æra , fumofafque patrum
      Effigies , memorefque laudum
Ceras profundo mergere Viftulâ.
Vel , fi fupinæ tædet inertiæ ,
   Martemque , majorumque pugnas
      Egregiis iterare faftis .
Juremus. O quem Gloria fervidis
Nubefque , terrafque , & populos fuper
   Evexit alis , ô caduci
      Grande decus columenque mundi ,
Pridem Geloni fobria fanguinis
Rurfum Polonis deripe poftibus
   Et tela , Princeps , & timenda
      Edoniis refer arma fignis.

ODE XVI.

Temporum ignaviam reprehendit.

Mᴇʀᴄᴜʀɪ, nam te citharæ potentem
Vivido Manes reparare cantu
Furva Cocyti ſtupuêre preſſis
     Stagna fluentis.

Tuque Lesb'oos imitata nervos
Muſa, Dirceúm modulare carmen,
Quo Palatini revocetur Orco
     Turba Quirini.

Ite, pugnaces Priami nepotes,
Pulcher Anchiſæ Veneriſque ſanguis:
Ite, formoſas Acherontis, ite,
     Linquite ripas.

Quid juvat nigras habitare valles,
Ferreum letó ſimulante ſomnum?
Quid juvat ſubter ſepelire magna
     Secula terra?

Te, Mari, torvi revocant Sicambri,
Te pharetratæ Nomadum catervæ,
Te Numantini, metuende, poſcunt,
     Scipio, campi.

Æreis rurſum fluitare turmis

Vifa Carthago, peditumque nimbos
Et Saguntinis, Siculifque bellum af-
  fundere portis.
Surge : non audis ftrepitum ? & fonorum
Agmen ? & traftas per humum catenas ?
Non vides, quantam novus ecce furgit
  Pœnus in haftam ?
Magna te pofcunt Afiæ fepulcra,
Magne Pompeï. Tibi, Cæfar, olim
Thraces & ferrum, manicafque,& ignem, &
  Tela minantur.
Bactra jam motis tremuêre caftris,
Martio nubes feriente cornu :
Jam minæ triftes equitum, & frementûm hin-
  nitus equorum.
Surge : quà dormis, quatit ager urnam
Ungulâ Medus ; potes hoc fepulcro
Effe fecurè piger ? aut honeftos
  Carpere fomnos ?
Ite : felices iterate pugnas :
Ite, Romani. Juvet arma notis
Poftibus demi, folitoque frontem af-
  furgere cono.
Bella nos pictis fimulamus armis,
Splendidè fortes & inane pugnæ
Nomen, & docti vacuum duellis

Ludere Martem.

Fortium cingi galeis avorum
(Pro pudor !) feri, fugimus nepotes
Heu peregrinis onerasse fortes
  Tempora gemmis.

Parva non magnam manus implet haftam ;
Defluunt grandes humeris pharetræ :
Decidunt arcus, laterique iniquus
  Exprobrat enfis.

Prifca mutatæ pudet arma dextræ :
Patrius quondam male laxus hæret
Filio thorax : nec avita norunt
  Tela nepotem.

ODE XVII.

Animi lenitate Principes maximè commendari.

NON vivi paries vitri
 Cryftallique fores, aut Mareoticis
Aurum poftibus illitum,
 Laudandum memori carmine Principem
Clarabit ; neque barbaras
 Decidet tumulo Gloria laureas ;
Sed frons mitior afpici,

Innubique nitens ore meridies,
Et, qui fofpitat omnia,
  Irati vacuus nube fupercili,
Primo gratior Hefpero
  Formofus rofeâ vultus in Iride.
Regum vultus imagine
  Regnorum legitur. Pandite lumina, &
Vultum pandite, Principes:
  Jam vultum, & populi lumina vidimus;
Irafci populum docet;
  Qui torvis nebulam nutibus addidit:
Idem fupplicii piger
  Maturis faciem rifibus explicet,
Cædefque, & populi graves
  Iras, & procerum prælia, & afperas
Regum contuderit minas.
  Vulgus bella fremat: te nihil attinet
Fœdo turbida nubilo
  Mutari pavidis ora coloribus.
Veris janitor aureus,
  Qui campis liquidi pafcitur ætheris,
Stellatis Aries comis,
  Picti rura poli frenat, & arbiter
Mundi prata perambulat:
  Iræque & placidi lenior imperi
Urfis præfidet & lupis;

Demitque , & dominis cornibus annuit
Torvis jura leonibus ,
   Caftigare vagos acer , & ignes
Mundi cogere fepibus.
   Vultur, degenerum parcior unguium ,
Albis parcit oloribus.
   Compefcit volucrem Bellerophon equum :
Nufquam monftra vagantia
   Chiron Æmoniâ figit arundine.
Colludit Geminis Leo , &
   Taurum fupplicibus conciliat jubis.
Nufquam fidera mugiunt ,
   Aut latrat Procyon , aut Libyco duplex
Rugitu reboat polus.
   Labuntur tacito fumma filentio :
Tranquillæque tacent rotæ ,
   Dum currus vigilum volvitur ignium.
Tantùm lanigeræ facis
   Balatu refonat mundus amabili ,
Rixâque & ftrepitu vacat :
   Et fe mundus amans , ipfe fui prope
Vivis lucet amoribus ;
   Naturæque uterum , & parturientia
Zonâ fidera fubligat :
   Hanc flexis Aries cornibus inchoat,
Rerum nobile vinculum , &
   Conjux figniferi fibula balthei.

ODE XVIII.

AD DIVAM ELISABETHAM,

cùm inter Divos ab URBANO VIII. *referretur.*

Diva, devexo dominata ponto,
Cujus undofæ meminêre Gades,
Cui Tagus fervit, liquidoque rura
    Præfluit auro.
Pauperes olim coluiffe fedes
Læta, nunc magnas habitare ftellas,
Inter & gyros; & euntis inter
    Sidera mundi,
Dum tibi Medæ pretiofa filvæ
Damna per Thufcas adolemus aras;
Thurço Regem, populique celes
    Crimina fumo.

ODE XIX.

Ad cæleftem afpirat patriam.

Urit me patriæ decor:
    Urit confpicuis pervigil ignibus

Stellati tholus ætheris :

Et Lunæ tenerum lumen , & aureis
Fixæ lampades atriis.

O noctis choreas , & teretem fequi
Juratæ thyafum faces !

O pulcher patriæ vultus , & ignei
Dulces excubiæ poli !

Cur me ftelliferi luminis hofpitem ,
Cur , heu ! cur nimium diu

Cælo fepofitum cernitis exfulem ?
Hic canum mihi cefpitem ,

Hic albis tumulum fternite liliis ,
Fulgentià pueri domûs.

Hic leti pedicas exuor , & mea
Secernor cineri cinis.

Hic lenti fpolium ponite corporis ,
Et quidquid fupereft mei :

Immenfum reliquus tollor in æthera.

ODE XX.

AD PRINCIPES ITALIÆ.

De recuperando Orientis Imperio.

Pulchro, Quirites, pulvere gaudeat
Impubis ætas, & ſtrepitum & minas
 Jam nunc, & audaces tumultus
  De tenero meditetur ungui.
Viſoque primum ſanguine geſſiat
Inter cadentûm ſigna : neque eligat
 Quo laſſa, poſt pugnam, reclinet
  Colla toro ; ſolidiſque ſomnum
Commendet armis. Aut clypeo ſuper
Effuſus, aut ſe ceſpitis explicet
 Per ſumma, non parcus juventæ,
  Et decorum pretioſus emtòr.
Hoc ſeptus olim milite, Biſtonum
Vallata ſaxo diruit oppida
 Regnator Epiri, & timendus
  Parrhaſiæ moderator oræ.
Heu quantus armis, quantus adeſt equis,
Quantuſque ſudor depopulantibus
 Pangæa Dacis ! cùm refuſi

Ferrea diluvies Gradivi
Tumultuofi turbine prælii
Concuffit Hæmum : cùm Rhodopen prope,
   Sacrifque LADISLAUS armis
     Attonitum patefecit Hebrum,
Et bellicofum Strymona vindice
Turbavit haftâ, qui calidas adhuc
   Strages Gelonorum, & natantûm
     Scuta virûm, galeafque volvit.
Magnum illa terris intulerat metum,
Præceps ahenas rumpere copias,
   Taboque fumanteis & igni
     Aufa cohors operire campos.
Si non honefti læta periculi,
Bellique metas rumpere pertinax,
   Egiffet armorum cupido
     Non humiles iterare pugnas.
Manes avorum quis bene pofperis
Excufet armis ? Quæ manus impigrum
   Leti Mufurmannum paternis
     Immolet inferias fepulcris ;
Quæ nunc (pudendum !) illudere pervicax
Perfultat armentum : & miferabiles
   Delent peremtorum ruinas
     Hinnulei timidæque damæ ?
Eheu ! cicatricum Hefperiam pudet,

Et mollis oti, & turpis inertiæ,
  Iræque quæ procudit arma
    Immeritis inimica regnis.
Quifquamne tandem (dicite pofteri)
Ulturus Urbis nomen & Imperî
  Affulget enfis ? atque ab ullo
    Scuta tholo galeæque pendent ?
An (quod vereri crediderim nefas)
Futurus enfis Dardanios adhuc
  Profcindit agros ? aut Latina
    Arva metit, viridefque filvis
Frondent fagittæ ? Non ego Romulam
Damnabo pubem veridicus facri
  Vates Gradivi. Jam cruento
    Sparfa mari fluitare tela
Videre, totis jam videor Thetin
Pugnare remis ; jam Latiæ procul
  Turmæ, repercufsâque circùm
    Æra micant galeæque lymphâ.
Jam plana Triton perfonat æquora
Clangente cornu. Jam video novas
  Latè per Ægeum moveri
    Cycladas, Æmoniamque longè
Inaufpicato fidere lugubrem
Mœrere Lunam : jam profugæ retro-
  cedunt Tyrannorum phalanges,
    Pænè metu glaciante Pontum.

ODE XXI.

AD URBANUM VIII.

Gentes omnes nunc esse Christi hereditatem.

PONE furgentes fuper orbe curas,
Magne pacati Moderator orbis:
Mitte Threïffas calidâ phalangas
   Fervere rixâ.

Mugiant cano, fine, bella ponto,
Cùm procellofos ftruit aura montes,
Cùm gemunt cautes, refusâque Calpe
   Vapulat undâ.

Regna Ræteis refonant triumphis,
Rumor auratâ volitans quadrigâ
Grata demittit benè feriatis
   Omina terris.

Occidit juftæ reus hoftis iræ,
Hoftis hibernæ dominator oræ,
Quà coronatis finuantur altæ
   Turribus Alpes;

Quà nivis latè, faturæque flavent
Imbrium valles: ubi mitigatus,
Sole vicinos jaculante montes
   Liquitur humor.

         Ire

Ire captivo patiens fluento
Iſter aſſertâ famulatur undâ :
Corripit fluctus , & utroque Rhenus
    Margine ſervit.
Te genu nixi didicêre Medi :
Laxat intentum Tibi Maurus arcum.
Te pavent Seres , humeriſque Parthi
    Scuta reponunt.
Fingit effuſo Tibi nomen auro
Indus , argutâ reſonante lymphâ :
Te ſonant ſeptem vaga fabuloſi
    Oſtia Nili.

ODE XXII.

URBANI VIII. S. PONTIFICIS

Laudat carmina.

Quis temperatæ flumine copiæ
Siticulôſis influit auribus
    Facundus amnis ? & ſequacis
    Agmine luxuriatur undæ ?
Rurſumne torvum cantibus Æacum
Delenit Orpheus ? quo duce, Thraciæ
    Aurita reptavêre ſaxa , &
    Æmoniæ ſaliêre rupes :

C

An Dædalei pectinis arbiter
Vates amicâ Pyeriæ lyrâ
 Triumphat aures ? & difertos
  Eloquii referavit amnes ?
Qualem pudicis Pænea fontibus
Admurmurantem Theffaliæ juga
 Mirantur , aut prætervoluto
  Attonitus ftupet Hæmus Hebro.
Qualemve puris Parthenium vadis
Dignantur alto muta filentio
 Pangæa , vel circumfonantem
  Caftaliis Helicona ripis
Parnaffus audit , dum nova gaudia
Jam jam futuri Veris aventibus
 Enarrat agris , & virentem
  Exfilio remeare Maium.
O quis Latinæ fons opulentiæ
Exuberanti vividus impetu
 Bacchatur ? & lymphata fecum
  Corda rapax animofque volvit ?
Qui nunc profundo volvitur alveo
Sententiarum : nunc gracili fluit
 Torrente linguæ : nunc apertis
  Ingenii fpatiatur arvis.
Suique latè pronus , & infolens
Exire ripam , non tamen obviâ

Captivus algâ, nec tenaci
　Ire piger per aprica limo :
Sed clarus auro fertur, & Atticis
Ludit Smaragdis, non fine confono
　Liquentis electri fufurro, &
　　Murmure prætereuntis auri.

Non ftagna Cirrhæ, non ego Phocides
Defiderarim : Te prope vitrea,
　URBANE, Dirce ; te fluenta
　　Virginei comitantur antri.

Olimque fimplex collis & invius,
Nunc hofpitalis, te duce, Dardanæ
　Parnaffus immigravit aulæ,
　　Et Latii rediere vates.

Magnufque tanto Pindarus æmulo
Minor videri gaudet, & Appulæ
　Miratur heredem Camœnæ
　　Pegafeos vacuare fontes.

Seu dithyrambo liber, inutilem
Verbis catenam demis, & affluit
　Impune : feu rurfum fevero
　　Verba placet cohibere nodo.

Sed non profanæ Gloria laureæ,
Umbrata Graiis tempora frondibus
　Adcomit, at conchyliata
　　Pulcher honor redimit corona,

C ij

Et dedicatam purpura laureæ
Furata frontem fubrubet. Hactenus
Florete Vates : jam Latino
Vefter honos adolevit oftro.

ODE XXIII.
AD LÆVINIUM HIELIUM.

Laboris commendatio.

NAM quæ púrpureis fumet honoribus
Formofo melior de grege victima,
Quàm cui foliciti vomeris afpero
　　Uffit colla labor jugo?
Condit regna labor. Fabricio bene
Findenti patriis jugera farculis
Frondent in mediis fceptra novalibus
　　Pulchræ meffis adoreæ.
Raftrifque & rigidis parce ligonibus.:
Uncum, lictor ait, rejice farculum.
Quæ fevit Cererem, regna metet manus,
　　Glebæ fraude fuperbior.
Jam nunc emeritos folve jugo boves.
Jam nunc nobilium colla Quiritium
Æqui flecte memor, parcus & abftinens

Romani pater Imperi.
Fortunæ memores nunc , age , victimas
Justo mitte Jovi. Quæ modò mugiit ,
Sacris Pontificum digna securibus
    'Aras illinet hostia.
Nunquam puniceis hispida crinibus ,
Martis belligerâ pendula fraxino ,
Auri deciduis vestierat jubis ,
    Graium pellis Iasona :
Si non difficiles imperii boves !
Egisset dominâ vertere dexterâ
Ferratis Chalybum saucia dentibus
    Colchi litora Phasidis.
Quanquam fulmineo pectoris halitu
Sorberent animosum agricolam boves ,
Et fumi fluvium & noctis inhospita
    Circùm nubila funderent :
Nec quicquam viridûm e semine dentium
Bellator jaculis campus inhorruit :
Et latè peperit castra virentibus
    Cristatus galeis ager.
Quippe ad Thessalici fulgur acinacis ,
Natali immoriens occubuit metu
Tempestas peditum , & densa micantium
    Hastarum interiit seges.

MATTHIÆ CASIMIRI
SARBIEVII
LYRICORUM
LIBER SECUNDUS.

ODE I.

AD FERDINANDUM II. CÆSAREM
AUGUSTUM.

Quum Thracum copiæ exceſſiſſent e Pannoniæ
finibus.

Quæ regna, vel quæ diſſociabili
Secreta tellus æquore; quæ domus
    Eurique & Arctoi Bootæ
      Cæſarei ſonitum triumphi
Neſcivit? O quà Rumor eburneis
Genteſque & urbes prævehitur rotis,

Audite Cæfar, te fuperbæ
  Herculeas fuperaffe laudes
Flevère Thebæ. Te tumidus procul
Formidolofi laudibus Herculis
  Ploravit Hebrus. Te frementes
    Arcadiæ gemuêre valles,
Non ufitatæ monftra proterviæ
Straviffe latè. Te Nemees jugo
  Dignatur Alcides : & Argis,
    Et domitâ tibi cedit Idâ.
Non ille quanquam colla minantium,
Fumofque & ignes contudit, anguium
  Criftafque & immanes hiatus
    Fulmineo tremefecit ictu :
Quanquam gelati marmora Nerei,
Surdifque mutum litoribus mare
  Emenfus, arcanæ refregit
    Regna Stygis, pedicafque captis
Injecit Umbris immiferabilis
Prædator Orci ; cùm fpolio priùs
  Taurique & infani Leonis
    Mænalias decoraffet ornos.
Non ille quamquam tranftulit aureo
Scalpenda cælo prælia, quæ procul
  Memnonque & Auroræ rubentis
    Regna legant, mediifque Vefper
                          C iv

Miretur aftris : non tibi debitæ ,
Augufte Cæfar , reddat adoreæ
   Palmas , triumphalemque laurum , &
    Populei diadema ferti.

Te pronus ambit flumine fupplici
Rhenufque & Albis te refluus fonat
   Tibifcus , & latè receptâ
    Danubius tibi fervit undâ.

Te bellicofus Thermodoontii
Regnator Hebri , te fibi deftinat
   Peltatus Eurotas , & afper
    Argolicis Acheloüs haftis.

Te militaris mœnia Daciæ ,
Te Cimber horret : te genibus minot
   Brennus , repercuffifque lætum
    Vindelici crepuêre parmis.

Te belluofi litora Bofpori ,
Multoque canum frigore Cafpium ;
   Te Cydnus , & lèvis Scamandri ,
    Te refugi pavet unda Xanthi.

ODE II.

AD PUBLIUM MEMMIUM.

*Vitæ humanæ brevitatem benefactis extendendam
esse.*

QUÆ tegit canas modò bruma valles,
Sole vicinos jaculante montes,
Deteget rursum. Tibi cum nivosæ
    Bruma senectæ

In caput seris cecidit pruinis,
Decidet numquam. Cita fugit Æstas,
Fugit Autumnus : fugient propinqui
    Tempora Veris.

At tibi frigus, capitique cani
Semper hærebunt : neque multa nardus,
Nec parùm gratum repetita dement
    Serta colorem.

Una quem nobis dederat Juventus,
Una te nobis rapiet Senectus.
Sed potes, PUBLI, geminare magnâ
    Secula Fama.

Quem sui raptum gemuêre cives,
Hic diu vixit. Sibi quisque Famam
Scribat herędem : rapiunt avaræ
    Cetera Lunæ.

C v

ODE III.

Ad suam testudinem.

SONORA buxi filia futilis,
Pendebis altâ, Barbite, populo;
   Dum ridet aër, & fupinas
     Solicitat levis aura frondes.
Te fibilantis lenior halitus
Perflabit Euri: me juvet interim
   Collúm réclinaffe, & virenti
     Sic temerè jacuiffe ripâ.
Eheu! ferenum quæ nebulæ tegunt
Repentè cælum? quis fonus imbrium?
   Surgamus. Heu femper fugaci
     Gaudia præteritura paffu!

ODE IV.

AD STANISLAUM SARBIEWSKI

Fratrem, Equitem Polonum.

SI tranfacta retro fecula refpicis,
Si ventura vides; triftibus omnium

Incumbunt tumulis nigra filentia , &
   Altæ oblivio gloriæ.
Fruftra belligerum carmine fufcitas ,
Sarbievi , SARABETEM , & fibi confcios
Manes effe vetas , qui benè barbaro
    Pridem in pulvere dormjunt.
Armorum ftudio clarus , avum nepos
Ad vitam reducem fplendidiùs dabis :
Nos cantu dabimus , qui excitos facro
    Soles ducimus otio.
Multi magna loqui poffumus : ardua
Raros aufa vocant. Nobilium fluunt
Infecunda ducum fecula ; nec bono
    Succrefcit foboles Patri.
Ætas fi pariat quælibet Herculem ,
Sit fecunda fatis. Sed fua fæpius
Tellus monftra videt , Geryonem , aut Libyn
    Antæum , aut validum Gygen.
Ceffant omnia : nec præpete curritur
Ad majora gradu. Cum potioribus
Servant parva vicem. Deterior fubit
    Pravis Fama nepotibus.
Si fe quifque tamen vincere geftiat ,
Olim æquabit avos. Tu modo fortibus
Infta confiliis , & rude nobili
    Urge propofitum manu.
        C vj

Ipfa ad confpicuas Nominis inclyti
Ducent fata fores ; quà labor arduam
Emunire domum pugnat , & aureis
    Sudor præfluit arcibus.
Nunc feu Cæfareo miles in agmine
Scandis turrigeræ mœnia Mantuæ ;
Seu te per Ligures , five per ultimam
    Raptat Gloria Galliam :
Jam nunc ad patriæ bella Poloniæ
Magnam finge animam : jam doceat pius
Pulchræ mortis amor laudibus afpera
    Commendare pericula.
Mox feu victa vocent Ifmara , feu Getes ;
Narratam patrio in pulvere gloriam
Exercebis eques , nec trepidam fines
    De te ferpere fabulam.

ODE V.

E rebus humanis exceſſus.

Humana linquo : tollite præpetem
Nubefque ventique. Ut mihi devii
  Montes refedère ! ut volanti
    Regna procul populofque vaftus

Subegit aër : Jam radiantia
Delubra Divûm , jam mihi regiæ
  Turres recefsêre , & relictæ in
    Exiguum tenuantur urbes :
Totafque , quà fe cumque ferunt vagæ ;
Defpecto gentes. O lacrymabilis
  Incerta Fortunæ ! o fluentûm
    Principia interitufque rerum !
Hic ducta primis oppida mœnibus
Minantur in cælum : hic veteres ruunt
  Murique turrefque : hic fupinas
    Pænè cinis fepelivit arces.
Hic mite cælum ; fed rapidæ ruunt
In bella gentes : hic placidà fedent
  In pace ; fed latè quietos
    Dira lues populatur agros.
Hic pænè Tellus tota micantibus
Ardet fub armis : ftant acies adhuc
  Pendente Fatorum fub ictu ,
    Et dubio Furor hæfitavit
In bella paffu. Parte aliâ recens
Jam mifta Mavors agmina mutuam
  Collifit in mortem , & cadentûm
    Cæde virûm cumulifque latos
Infternit agros : Hic Mareoticæ
Sécura merces æquora navigant ,

Portufque certatim frequentes
   Centum operis populifque fervent.
Nec una Marti caufa , nec unius
Sunt arma moris. Bellat adulteræ
   Ridentis e vultu Voluptas :
      Inque Helenâ procus ardet Orbis.
Hic verba bellis vindicat ; hic canis.
Heu vile furtum ! fe mala comparant :
   Rarum fub exemplo fuperbit ,
      Nec fceleris fcelus inftar omne eft !
Eous illinc belligerâ latet
Sub claffe Pontus.: jam Thetis æneâ
   Mugire flammarum procellâ , &
      Attonitæ trepidare cautes ,
Et ipfa circum litora percuti
Majore fluctu : Siftite , barbari ;
   Ferroque neu fimplex , & igni , &
      Naufragio geminate Fatum.
Parumne Tellus in miferas patet
Immenfa mortes ? hinc miferabili
   Quaffata terrarum tumultu
      Stare pavent titubantque regna ;
Unâque tandem funditus obruunt
Cives ruinâ. Stat tacitus cinis ,
   Cui ferus infcribat viator :
      CUM POPULO JACET HIC , ET IPSO

CUM REGE REGNUM. Quid memorem fuper-
Infufa totis æquora portubus
   Urbes inundare ? & tepenti
      Tecta Deûm fonuiffe fluctu ?
Regumque turres , & pelago cafas
Jam jam latentes ? Jam video procul
   Mercefque differri , & natantem
      Oceano fluitare gazam.
Alterna rerum militat efficax
In damna mundus. Cladibus inftruit ,
   Bellifque , rixifque , & ruinis
      Sanguineam Libitina fcenam ;
Suprema donec ftelligerum dies
Claudat theatrum. Quid morer hactenus
   Viator aurarum ? & ferenas
      Sole domos aditurus , ufque
Humana mirer ? Tollite præpetem
Feftina vatem : tollite , nubila ,
   Quâ Solis & Lunæ labores
      Cæruleo vehit æthra campo.
Ludor ? fequaces an fubeunt latus
Feruntque venti ? jamque iterum mihi
   Et regna decrevêre , & immenfæ
      Ante oculos periêre gentes.
Suoque femper terra minor globo
Jam jamque cerni difficilis fuum .

Vanefcit in punctum ? O refufum
  Numinis Oceanum ! o carentem
Mortalitatis portubus infulam !
O claufa nullis marginibus freta !
  Haurite anhelantem , & perenni
  Sarbivium glomerate fluctu.

ODE VI.

Cato Politicus.

Usu fe minui fi finerent opes ,
Jam nunc plura petam , quàm teneo : fed , heu !
Auri ftulta fames ipfa fibi negat ,
    Quicquid omnibus abftulit.
Laudo divitias , quas animus dedit ,
Quas verfat facili confilium manu :
Quæ cùm perpetuum crefcere geftiant ,
    Nunquam diminui dolent.
Rex aut Cæfar erit , cui Deus arbitrâ
Seu quid fuftulerit , feu dederit manu ,
Nulla parte fui major abiverit ,
    Nulla parte fui minor.
At Sors ingenio plebis inanibus
Illudit ftudiis : nam varias finu

Cùm difperfit opes, ridet inutili
      Vulgum fervere jurgio.
Quantùm magna libet munera jecerit,
Stulti diripiant : non ego mobiles
Voto digner opes, quas aliquis meam
      Cafus verterit in manum.
Quòd fi me meritis fafcibus ambiunt,
Ipfam Fata domum, fed fine triftibus
Intrent invidiis, ne volitent meæ
      Circum limina regiæ.
A virtute datis utar honoribus
Tamquam depofito. Cùm Superi volent,
Quæ lætus tenui, lætus idoneo
      Tradam fceptra vicario.
Gratam cùm populis egero fabulam,
Seu claro nitidus murice, feu togâ ;
E fcenâ monitus cedere, non meis
      Ultro veftibus exuar.
Et qui confpicuus tot populis heri
Spectabar tacito non fine gaudio ;
Ridens e media plebe vicariam
      Cras fpectabo Tragœdiam.

ODE VII.

AD PUBLIUM MEMMIUM.

Vita eſt benefaſtis extendenda.

Esset humanis aliquod levamen
Cladibus , ſi res caderent eâdem
Quâ morâ ſurgunt : ſed humant repentes
 Alta ruinæ.

Nil diu felix ſtetit : inquieta
Urbium currunt hominumque Fata :
Totque vix horis jacuêre , ſurgunt
 Regna quot annis.

Caſibus longum dedit ille tempus ,
Qui diem regnis ſatis eruendis.
Dixit ; elato populos habent mo-
 menta ſub iſtu.

Parce crudeles , moriture P U B L I ;
Impio Divos onerare queſtu ;
Denſa vicinis nimiùm vagari
 Funera teſtis.

Quæ tibi primùm dedit Hora naſci ;
Hæc mori primùm dedit. Ille longùm
Vixit , æternum ſibi qui merendo
 Vindicat ævum.

ODE VIII.

AD ASTERIUM.

A᷑ᴛ nos inani pafcit imagine
Fortuna rerum. Ludimur, ASTERI,
  Umbris amicorum; & dolofo
    Verba fimul placuêre fuco.
Res effe ftulti credimus : at fimul
Sors infidelem corripuit rotam,
  Gaudent recedenti fodales
    Non eadem dare verba Divæ.
Plerumque falfis nominibus placent
Humana. Rari pollicitis data
  Æquamus : & minor loquaci
    Religio folet effe voto.

ODE IX.

AD DECIUM.

A᷑ɴ nos fola parit, DECI,
  Tellus ? An patrio degeneres polo
Mentimur genus ? & domum

Quæ nos affiduis circuit ignibus,
Et torpere domeftico
  Stellatam fobolem non finit otio ?
At fi Semideûm genus,
  Nec falfis canimur fabula vatibus
Cælo ducere fanguinem ;
  Cur noftræ refides (heu nimiùm diu ?)
Indormimus inertiæ ?
  Natalique dies infundimus cafæ,
Dum pulchri fuga temporis
  Nil cunctante fenes prætereat rotâ ?
O quifquis volet impiam
  Noctem paciferi rumpere feculi ;
Primus Phafin & uberes
  Colchos, & veteris mœnia Thraciæ
Pulfis eripiat Getis.
  Illum per populos garrula differet
Bigis Gloria candidis,
  Et feris recinet Fama nepotibus.
At nos nobilium domi
  Laudum livor edet : quatenus (heu nefas !)
Quod virtus erat, invidi,
  Fortunæ tenui nomine diximus.
Fatis omnia tradimus :
  Et quam certus emit confiliis labor,
Stultæ plebis in agmine

Laudem cafus habet. Nam fimul abftiti
Noftris Gloria poftibus,
   Obliquo refugam lumine figimus :
Et læti malè, ferias
   Laudes non hilari deterimus joco.
At tu cui placitas manu
   Pulfat Fama fores, excute te toro,
Menfæque & patriis focis :
   Et quacumque fequi jufferit, emica,
Ducentemque præi : neque
   Præter fucciduis paffibus ambula.
Mox hinc Caucafon, hinc Athon
   Victor belligero corripies gradu.
Tunc quæ maxima fluminum,
   Seu cum Sole facris fontibus exeunt,
Seu cum Sole cadunt, nihil
   Indignata tui fceptra fub Imperi
Leni pace fluent : fuum
   Volvent cuncta tuis in manibus diem.
Cur tunc ad patrios ego
   Cantem bella focos, fegnis, & immemor
Sacræ transfuga Gloriæ ?
   Cur non te potiùs Græcia, barbarum
Cur exuta jugum Rhodos,
   Vifam non pavidis navita puppibus ?
Jam nunc carpere libero

Tempe læta gradu, jam liceat facrum
Hæmi fcandere verticem :
  Et nunc in vitrei margine Penei,
Nunc ad faxa biverticis
  Parnaffi refidem , Pindaricis juvet
Rupes vincere cantibus ,
  Et pacare rudi prælia barbito.
Jam tunc inclytus & facer ,
  Ignotifque procul gentibus audiar
Magni carminis artifex.
  Tum quæ peffima præfentibus imminet ,
Abfens ulterioribus
  Abrumpam fpatlis Invidiam , neque
Occultus patiar mori
  Exful Pieriæ civis adorea.

O D E X.

Honefto ótio addictus feculi fui vitiis bellum
indicit.

M EO beatus , cetera vilibus
Habere Fatis , & miferabili
  Permitto vulgo : quos fecundo
    Per populos vehat axe Rumor ,
Quem donet aftris Gloria , fortiter

Ignarus : & quæ lex fapientibus ,
 Idem meas nefcire , & idem
  A populo didiciffe laudes ,
Latere claufo certior oftio.
At ne malignis Fama calumniis
 Me jaƈtet arcanum probrofis
  Flagitium fimulare teƈtis ;
Audax vel ipfo vivere publicus
In fole civis. Non ego ludicræ
 Dixi facramentum Minervæ
  Innocuus fine cæde miles,
Sed bellicofo ftrenuus ardui
Amore Veri , crimina feculi
 Fraudefque & indevota laodi
  Peƈtora defidiamque frango
Ultore verfu. Quem nimis afperum
Exfufcitando Numina gentium
 Regem effe nolebant veterno ,
  Effe tamen voluére vatem.

ODE XI.

AD D. VIRGINEM MATREM,

Cùm illi templum exſtrueret JOANNES CAROLUS
CHODKEVICIUS, *ſigna contra Oſmanum
Byʒantinum Imperatorem moturus.*

Huc o, beatis ſepta cohortibus
Regina mundi ſidereos, age,
    Molire paſſus : huc cutuli
        Nube ſuper Zephyroque præpes

Deſcende, ſacri conſcia liminis :
Quà dedicatis te Samogitia
    Dignatur aris, & patronæ
        Turicremi famulantur ignes.

Neu vota, Virgo, temne vocantium :
Quanquam micantûm regia ſiderum,
    Romæque, Lauretique ſedes
        Dalmatico potior metallo :

Quanquam nivoſi civis Enipei
Te non avaris ornet adoreis,
    Ditemque miretur ſuperbis
        Heniochus radiare tectis :

Et qui ſupinis præcipitem rotis

                                    Solem

Solem reclives Americi vident,
   Et qui fub Eois renatum
     Sufpiciunt remeare cunis.
Videtis ? an me ludit amabilis
Imago Divæ ? Jam videor pios
   Audire plaufus, & fonantes
     Cæruleum per inane currus,
Triftefque fumos, & nebulæ globum
Latè ferenas rumpere copias,
   Auroque florentes & igni; &
     Miffilibus radiorum acutis :
Spiffæque nimbum lucis, & igneas
Fliâu rotarum fervere femitas,
   Ventofque, & obluâtata longo
     Nubila diffiluiffe fulco : &
Effufa denfis agmina defuper
Errare gyris, non fine Siderûm
   Rifu, ridentifque Cæli
     Sole cavas jaculante nubes.
Auditis ? O quas prætereuntium
Lyrafque cantufque audio nubium !
   Io, Triumphe ! ter procellæ,
     Ter liquidæ crepuêre flammæ.
Io, Triumphe ! ter refonabilis
Refpondit Echo : ter Samogitiâ
   Saltus, fupinatæque valles;

                      D

Et trepidæ fonuère filvæ.
O ergo noſtris præſes habebitur
Regina terris. Ite , recentibus
Stipate donis , & precatu
Indigetem celebrate Divam.

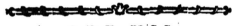

ODE XII.

AD FERDINANDUM II.
CÆSAREM AUGUSTUM.

Deſcribit Pacis commoda.

Jam minax Albis , domituſque latè
Rhenus aſſertâ famulatur undâ :
Jam fluunt pronis tibi regna , FERDI-
    NANDE , tributis.
Turma , pugnaces populata Dacos,
Hauſit imbellem galeis Tibiſcum.
Feſſa bellorum , pavidumque telis
    Sepiit Iſtrum.
Ille terrarum fragor , ille magnæ
Fulmen Europæ , Scythici tremendus
Arbiter Ponti , piger obſoletis
    Abſtinet armis.
Jam ſacræ Leges , & amica Legum

Jura civiles cohibent tumultus,
Et Fides, & Fas, & aperta læto
    Gratia vultu.

Jura pacatis dominantur agris :
Jura compescunt grave classicorum
Murmur, & currus, & multa rauci
    Fulmina belli.

Pax ubi claufas moderatur urbes,
Illa vittatis operatur aris.
Illa vicinis ftudet æmulari
    Sidera templis :

Quaque pubentes graditur per herbas ;
Hinc & hinc Divam comitatus albo
Meſſium fluctu Cerealis undat
    Merges ariftæ.

Longus herbofis fpatiatur arvis
Ordo virtutum : niveæque juncta
Fauftitas Paci legit otiofis
    Lilia campis.

Ite, Ræteis focia triumphis,
Ite, delectos religatæ flores,
Ite, Virtutes : iterate nexis
    Serta tropæis.

Te Ceres flavis redimita culmis,
Magne pacati Moderator orbis,
Te Jovis quercus, & Apollinaris

                D ij

Umbra corymbi,
Te volunt lauri. Tibi fe Latini
Arbor Alcidæ probat, & fupinis
Annuit ramis, & amica circum
    Tempora ferpit.
Quo velis crinem cohibere ferto,
Mitte cunctari : tibi colla circum,
Herculis ritu, fluat ufitatâ
    Populus umbrâ.

ODE XIII.

AD JULIUM ROSAM.

Invitat eum ad facram Poëfim in crepufculo pervigilii D. VIRGINIS MATRIS *decantandam.*

QUID muti trahimus diu
Segnes excubias ? fuggere poftibus
  Dereptum, ROSA, barbiton.
Nos arguta manu fila docebimus :
Tu buxum digitis move,
  Et mutis animam fuffice tibiis.
Nos cantabimus aureos
  Stellarum vigiles, fiftere lubricam

Mundi folicitos fugam, &
  Palantûm choreas ducere Siderum :
Tu rerum Dominam canes,
  Et fparfam Zephyrorum arbitrio comam
Nudis ludere brachiis,
  Et nimbos volucrûm fundere criniam.
Addes & teretes pedum
  Suras non humilem lambere Cynthiam :
Et futas chlamydum faces,
  Indutique togam Solis amabili
Emirabere fiftulâ :
  Donec virgineis laudibus & fuis
Placatus, refecet moras,
  Et currum madidis flectat ab Indiis.

ODE XIV.

AD D. VIRGINEM MATREM.

Cùm illi dicata navis in Indiam folveret.

DIVA ventorum pelagique præfes,
Quæ laborantes fuper alta naves
Summoves faxis, uteroque Nerei
    Eripis imo :

Si tibi moti cadit ira Ponti,
Cùm Thetis molles imitata fomnos
Sternitur latè, bibulifque fe re-
    clinat arenis:
Mercium felix tua navis efto,
Quæ per undantes tibi lætæ fluctus
Floribus remos, hilarique proram,
    Fronde coronat.
Illa feu primos aditura Seras,
Sive longinquas Orientis oras,
Proferet latè tua fabulofo
    Nomina mundo.

ODE XV.

AD NARVIAM.

Cujus in ripa puer admodùm primum Carmen
Lyricum cecinerat.

ALBIS dormiit in rofis,
    Liliifque jacens & violis Dies,
Primæ cui potui vigil
    Somnum Pieriâ rumpere barbito,
Curæ dum vacuus puer

Formosi legerem litora Narviæ.
Ex illo mihi posteri
   Florent Sole dies ; qui simul aurem
Infregit radios lyræ ,
   Jam nec scuta sonat , nec strepitum trucis
Gradivi ; sed amabiles
   Ruris delicias ; sive rubentia
Udo rore rosaria ,
   Seu molles violas , sive volubilem
Leni flumine Viliam ,
   Seu primo graciles vere Favonios.
At tu , NARVIA , quem puer
   Tum primùm Calabrâ personui fide ;
Ictu pectinis hoc hebe
   Incisum viridi carmen in ilice.
Quem Phœbus citharæ pater ,
   Quem lætæ citharis Pierides amant ;
Lætum barbita Narviam ,
   Lætum virginei semper ament chori,
Hæc , dum sponte virentia
   Vivent in teneri vulnere corticis ,
Addiscent pueri tibi ,
   Addiscent tacitæ carmina Virgines.
Festo mox eadem die ,
   Dum glebam solidæ lucis & igneas
Electri lacrymas legent ,

                  D iv

Partiti geminis litora cœtibus,
Alternis pueri tibi,
Alternis recinent carmina Virgines.

ODE XVI.

Nihil ſtultè timendum & concupiſcendum.

Et me Latinæ non ſolitum loqui
Juſsêre. Muſæ. Nobilis Orphei
   Non erubeſcendum nepotem
     Sarmaticâ redimite lauru : &
Longâ ſonantem, nec tenui lyrâ
Audite Vatem. Nil popularibus
   Ambire votis, nil timere,
     Nil nimiùm cupiiſſe, magnis
Edico primùm mentibus. Improbo
Utcumque ponis frena Cupidini,
   Metumque diſpenſas ; per omnes
     Invidiæ potes ire fluctus.
Præcogitati mitior ingruit
Procella fati. Sæpius omnium
   Perſtare ſub rerum tumultu.
     Anticipes, animumque in omnes
Præmitte caſus ; ſeu Pelagus ſuper,

Seu fulminantis porta tonet Poli ;
 Stabis , repentinamque mundi im-
  mobilis excipies ruinam.
At nec futurum folicitus pave
In pace bellum. Qui patitur mala
 Ventura præfenti timore ,
  Bis mifer eft ; dubiamque victus
Eft ante cladem. Ne nimiâ tamen
Virtute pecces ; neu mala fortiter
 Clamofus irrites : juvabit
  Fortia continuiffe verba.
Arcem modefti pectoris innocens
Fortuna tranfit : fi revoces tamen ,
 Tuoque non æquam duello
  Increpites ; redit , atque ab imo
Quæ præteribat mœnia , fuccutit.
Stringenda jam tunc funt fapientiæ
 Et arma libertatis. Infra
  Confilium cadet omne telum ,
Quod fortuito cumque minabitur
Fortuna nervo : feu genus impetat ,
 Seu fortè virtutem ; vetabo ,
  Fervidus impetuofa fœdis
Vindex reponas verba calumniis.
Erit loquacis pulchra proterviæ
 Vindicta rififfe , & fereno

       D v

Magnanimum taceuisse vultu.
Se quisque qualem noverit, arguat
Aut laudet intus. Non ego civium
　　Ab ore pendebo; aut protervia
　　　Invidia dabo terga telis.

Hac lege justus se tenet Timor:
Nunc danda caeca jura Cupidini.
　　Externa vestigamus; at se
　　　Rarus habet, vel habere quaerit.

Hic plenus auri, sed vacuus sui,
Infamat omnes naufragus, insulas.
　　Quo vivat, heu stulté esuentum,
　　　Alter emit sibi morte lucrum.

Hic dum supremam lustrat Iberiam,
Et gestit hospes discere plurima;
　　Se nosse dedicit, dumque
　　　Ipse sui vagus exsul errat.

Alter reducto lentus in otio
Paulùm sepulto distat: inutilis
　　Belli domique & ante letum,
　　　Heu! virides malè perdit annos.

Hic haeret aulae: se tamen improbus
Suosque mores vitat in omnibus;
　　Et, quae suprema servientis
　　　Poena, palàm miser esse non vult:
Interque diri tormina pectoris

Agit beatum. Vanus adultero
   Se mœror in rifu dolentis
     Diffimulat, variatque fcenam.
Livefcit omnis Lætitiæ color
Sub nube Curæ. Perpetuus licet
   Nimbus falutantûm, & clientis
     Unda fluat refluatque vulgi,
Omnifque fervet limina civitas:
Defertus a fe cuncta fibi gemit
   Deeffe : torquent urbis illum
     Divitiæ, populique cenfus.
Defideranti cuncta Potentiæ.
Commune nil eft : effe fuum putat
   Quodcumque pulchrum eft. Invidendo
     Me mea pauperies ab auro
Cautum removit. Quæ pede proteram
Sint plura, quàm quæ poffideam manu:
   Hoc magnus, hoc æqualis uno
     Cæfaribus, dominabor. Omnes
Spreviffe tutò poffumus omnia;
Habere nemo. Qui tumidus fuo
   Se librat, attollitque regno,
     Effe fuum populique nefcit
Æquale letum. Vivimus impares:
Pares obimus. Hunc alios fupra
   Altè curules, hunc Triumphi

. Extulerant : cinis æquat omnes ;
Et urna quæ nos colliget, omnium
Menfura rerum eft. Demite farcinas ;
 Grandemque Fortunam lacerto, &
 Soliciti grave pondus auri.
Dum non onuftus, fed moriar meus ;
Jam nunc perennes divitias mihi
 Nil concupifcendo paravi,
 Nil nimiùm metuendo, pacem.

ODE XVII.
AD APOLLINEM.

Magnificentiam CÆSARIANÆ liberalitatis
ab illa cani oportere.

Quis literati munera Cæfaris,
Fufafque pronâ divitias manu,
 Et tecta quæ pecuniarum
 Auriferis micuêre nimbis,
Laboriofi carminis arbiter
Æternet ? O qui facra biverticis
 Delubra Parnaffi, & canorum
 Imperiis Helicona frenas:
Expergefactis ad fonitum lyris,

Undantis auri flumina concine ,
Quæ fufa FERDINANDIANIS
Per populos abiêre rivis.
Non curiofis ille ligonibus
Evifceratæ collibus Indiæ ,
Aut emedullato Liburnis
Montibus infidiatur auro.
Ufuque rerum , non opibus potens ,
Exuberantis flumina dexteræ
Per facra Mufarum refundit
Atria , Palladiofque poftes.
At non , ut olim , fabula pauperes
Ditavit agros : dum pretio gravis ,
Aurique tempeftate dives ,
Nobilium pater unionum
Ganges , avaro gemmea fepties
Tributa folvit Nereidum patri ,
Ripafque mirantefque campos
Mygdoniæ lavit amne gazæ.
Hinc illa magnæ regia Palladis ,
Faftigiatis pyramidum jugis ,
Æqua levabit invidendum
Mole caput , famulumque Mufis
Prætexet Albim quæ procul exfulem
Phœbum feveræ faltibus Atticæ ,
Cirrhâque , & umbrofis reductum

Theffaliæ revocabit antris.
Sic ille Galhıs fcilicet Hercules
Plebem fonantûm colligat aureo
Nexu catenarum , & revinctâ
Attonitum trahat aure vulgus :
Dulcique rerum defluus agmine ,
Ludit recufis in pretium fonis :
Aurumque , & in vulgum caducas
Flumineo ruit ore gemmas.

ODE XVIII.
IN D. VIRGINEM MATREM
CARMEN SECULARE.
Parodia ex Q. Horatio Flacco.

PUERORUM CHORUS.

Reginam teneræ dicite Virgines
Vifentem rofeis aftra jugalibus ,
 Dignatamque volantûm
 Currus flectere Siderum.
Vos lætam citharis , & fonitu lyræ,
Quem vel Pierii verbere pectinis
 Fingit faucius aër ,
 Vel motæ digito fides.

PUELLARUM CHORUS.

Vos Marſæ, juvenes, carmine tibiæ,
Aut rauci ſtrepitu dicite tympani,
 Pugnarumque loquaci
  Nympham reddite claſſico.

UTERQUE CHORUS.

Cæcos Illa metus, & Procerum graves
Iras, e miſeræ limine patriæ,
 Veſtris mota querelis,
  Ad Medos aget & Getas.

ODE XIX.

DE SACRO SALOMONIS EPITHALAMIO.

Similis eſt Dilectus meus capreæ hinniloque
cervorum.

Vitas ſolicitæ me ſimilis capræ,
Quam vel nimbiſoni ſibilus Africi,
Vel motum ſubitis murmur Eteſiis
  Vano corripit impetu.
Nam ſeu prima metum Bruma trementibus
Incuſſit foliis, ſive Dieſpiter

Elisit resonis tela Cerauniis,
    Incertâ trepidat fugâ.
Atqui non ego Te quærere desinam;
Clamatura retrò; CHRISTE, revertere; &
Rursus, cùm rapido fugeris impetu,
    Clamatura, Revertere.
O seu Te Libani terga virentia,
Seu formosa rubræ culta Bethuliæ,
Seu pinguis Solymæ, sive procul cavæ
    Cingunt rura Capharniæ.
Tandem solicitæ pone modum fugæ.
Nam non effugies : Te mihi sedulis
Æther excubiis prodet, & aureis
    Prodet Cynthia cornibus.
Te neglecta gemunt litora : Te procul
Suspirat tacitis Aura Favoniis :
Te noctis vigiles, Te mihi vividis
    Signant sidera nutibus.

ODE XX.

AD JOANNEM STEPHANUM
MENOCHIUM, *Rectorem Collegii*
Romani Soc. JESU.

Cùm Libros de Principum institutione in lucem
edidisset.

QUALIS ubi Phrygiâ Jovis armiger educatus Idâ,
  Audax hiulci fulminis fatelles,
Vere novo teneras Aquilonibus experitur alas,
  Terrafque nefcit ; immemorque nidi,
Magna patris relegit veftigia, fulminumque latè
  Circumtonantes vifit officinas,
Evincitque Notos, & inertibus evenit pruinis,
  Cæloque tenfos navigat per imbres :
Talis inaffueto circumvagus ingeni volatu,
  Doctus paternæ ftrenuufque pennæ,
Celfa fuper Procerum palatia, defpicifque terras,
  Summafque rerum pervagaris arces.
Quaque Pater dubiis populos fuper immoratus alis
  Leges fuperbis dividit Tyrannis,
Hac neque confilii, neque degener ingeni, fecutus
  Æquis adurges nifibus volantem.

Ille tamen dominas frenaverat Infubrum fecures ;
    Forumque gnavus rexerat Triumvir :
Te rerum exfortem tenuit domus innocentis otî
    Aufum togatas exuiffe curas.
Nec te plebis honos , neque litibus intonata centum
    Verbofa raucis bella fub patronis ,
Nec plorata reis fubfellia , nec triumvirali
    Adjudicatum curiæ tribunal :
Sed jucunda tenent oblivia diffluentis ævi ,
    Et urbis expers patriæque vita.
Nqn tamen intereà niveos finis exfulare mores
    Aulis potentûm , curiifque Regum :
Præceptifque Numas & legibus anteis Lycurgos ,
    Valeriofque vincis & Catones ,
Dum prohibes tumidum popularibus Ambitum procelliæ
    Regni verendos obfidere poftes :
Nec pateris mediis affiftere Cæfarum catervis
    Cæcafque Fraudes , defidefque Luxus ,
Exfomnefque Dolos , & dulcibus illitum venenis
    Aulæ Nitorem , barbarumque Faftum.
Quin etiam teneros virtutibus imbuis Quirites
    Sacrumque cunis advocas Honeftum ,
Ignotumque doces vagitibus alloqui Tonantem ,
    Rudemque Divis explicare palmam.
Jamque novos debet tibi Martia Roma Scipiones ,
    Centumque Magnos , Maximofque centum ,

Et Belgæ Carolos , & Lechica regna Cafimiros ,
 Novofque Dacus debet Emericos :
Ferrea paciferum qui fecula digerant in aurum ,
 Mundique pronas fulciant ruinas ;
Et Tiberi Gangen , & Gadibus afferant Hydafpes ,
 Et regna primo differant Eoo.
Quorum fpontè fluens fub fœdera militaris Ifter ,
 Rumpat tenaces Bofporo catenas.
Quos neque fulmineâ de pectoris emovebit arce
 Inane regni purpuræque fulgur ,
Nec folium , nec quæ manus imperiofiore fceptro
 Mœftæ minatur annuitque plebi.
Hæc adeò longi cùm perleget otii fequefter
 URSINUS , almi prima cura Phœbi ,
Triftibus ignotum te non finet immori tenebris :
 Sed te futuro confecrabit ævo ,
Temporis egreffum ludibria , turbinefque , rerum , &
 Caliginofi fæva jura Leti.

ODE XXI.

AD ANDREAM·RUDOMINAM
E SOCIETATE JESU.

Cùm Romá in Lufitaniam abiret in Indiam
navigaturus.

Ergo minaci credulus Africo ,
Tumultuofi marmora Nerei ,
   Pugnafque ventorum , & tyrannos
    Æoliæ fuperabis aulæ ?
Nec te marinæ torva licentiæ
Imago terret ? nec timor æquoris
   Enavigandus ? nec protervis
    Ille frequens equitatus Euris ?
Sed contumaces Æoliæ minas ,
Iramque Ponti fpernis , & obvios
   Mundi furores irretortâ
    Fronte fubis fimilique vultu ,
Quo feriantis mœnia Tufculi ,
Aut otiofi jugera Tiburis
   Perambulaturus fubibas
    Egelidos Anienis amnes ?
Hoc ore motæ dira protervia

Subfidet undæ. Jam video procul
  Ad litus acclinata leni
    Æquora decubuiffe fomno ,
Et dormientis flamina Nerei
Spirare pacem. Scinde tenacium
  Moras rudentûm : perge claffem
    Velivolis animare ventis.
REGINA terrarum & pelagi potens
Formidolofos diruet objices
  Periculorum , nec finiftris ,
    Ire dabit tua Fata velis.

ODE XXII.

Laudes inviƈtiffimi potentiffimique S I G I S-
MU N D I III. Poloniæ Sueciæque
Regis.

QUAM prono Rhodopen pede
  Luftro ? quæ vitrei litora Phafidis
Vivo prævehor impetu ?
  Audacefque Dahas , & faciles mori
Colchos , & rapidum Scythen ,
  Captivumque gelu tranfilio Tyram ?
O cani juga Carpati !

O formofa rubræ rura Druentiæ
Quam fontes Hypanis lavant,
  Quam lambunt gelidi flumina Viftulæ,
Quis me, quis Moræque, precor,
  Quis me perfpicuæ margine Viliæ
Siftat, quà gelidum nemus
  Ridet mobilium fletibus amnium ?
O quæ fidera trajicis,
  O quæ nubivagâ, Calliope, polum
Præterlaberis orbitâ :
  Hic me fifte, precor, quà Getico piger
Fervet fanguine Bofporus,
  Nymphæique domos, & cava barbaræ
Plangit litora Tauricæ.
  Hic dulci fcopulos carmine colligam,
Hic Graiæ prece tibiæ
  Aram de mediis furgere rupibus
Suadebo. Duce me retro
  Defcendent refonis marmora collibus
Et longo procul ordine,
  Arrepent Pariis faxa laboribus :
Mufeamque pati manum,
  Infcribique volent, & memores tui,
SIGISMUNDE, pati notas.
  Sculperis volucri proterere impetu
Threffæ cornua Cynthiæ ;

Scalpemus gemini fulmina prælii :
Scalpemus refugum Geten ,
  Et captum niveis Nerea vinculis.
Huc & nocte bis & die
  Lectarum venient agmina Virginum ,
Et latè violis humum ,
  Aramque & folio Solis , & aureis
Pingent marmora liliis.

  Nos & mane ter , & vefpere ter facrâ
Circùm valle fedebimus :
  Hic vivis dabimus cefpitibus fuper
Verbenas , & olentia
  Sacris tura focis , & rude futili
Nectemus phylirâ caput.

  Dicemus ! ter Io ! ter recinent Io !
Canæ litora Thraciæ :
  Et victos iterum carmine Concanós ,
Et plaufus , & ovantia
  Permiftis dabimus claffica tympanis.

ODE XXIII.
AD GERMANIAM
Civili bello ardentem.

QUID juvat denfis glomerata turmis
Bella civili tonuiſſe clade ?
Quid juvat latè maduiſſe pingues
    Sanguine campos ?
Tela Threïſſis potiora pugnis ,
Tela , Germani , cohibete tela :
Tela molitur nova pervicacem
    Cæſar in hoſtem.
Parcus irarum , modicuſque ferri ,
Lenis in cives , fine cæde fufos
Thracas , & victos fine clade Cæſar
    Sternet Alanos.
Pone crudelis fimulacra leti :
Deme loricas pharetraſque , Ræte ,
Mollibus flectit fua regna FERDI-
    NANDUS habenis.
Servit extremi tibi potor Iſtri :
Cæſar , irati moderator orbis :

Te

Te repercuſſis agilis Sicamber
    Concrepat armis.
Condito, mitis placidiſque fferrr
.Orbis, ingentes ſenii ruinas
Firmat, & prono fugitiva ducit
    Otia mundo.

Martis oblitus, calidæque rixæ,
Findit obliquo juga vomer uaco:
Et minax olim, modo juſtus agrum
    Demetit enſis.

Caſſis inſtratis reſupina criſtis,
Alitum vernis reſonat querelis
Feta nidorum : ſociant maritas
    Scuta columbas.

Te vagum Solis comitata curſum
Fama, per latas ſpatiata terras,
Narret Eois, doceatque feros
    Nomen Iberos.

Audiet Dacos acuiſſe tela,
Tela Germanis inimica talis:
Audiet contos & iniqua pilis
    Pila notari.

At ſimul, leni rapiente curtu,
Sparget infoati fera corda fucco:
Demet & contos, & iniqua pilis
    Pila recondet.

                  E

ODE XXIV.

DIRÆ IN HERODEM.

Dᴇᴠᴏᴛᴀ ſacræ progenies domûs !
Fatale monſtrum ! prodigialium
   Monſtrum parentum ! ſeu Libyſſa
    Marmaricis lea pavit antris ,
Seu te maligno ſidere degener
Pardus maritâ tigride prodidit ,.
   Furoris heredem paterni :
    Sive gregis populator Aſti
Nudum ſub alto deſtituit jugo :
Seu belluoſis fluctibus exſpuit
   Irata Tempeſtas nocentem
    Alitibuſque feriſque prædam.
Tuo ſeveras pectore marmora
Duxêre venas , marmora rupibus
   Deciſa , quas Getula cælebs
    Deucalio ſuper arva jecit.
Te ſede primùm livida regiâ
Megæra fixit : Tiſiphone dedit
   Sceptrum cruentandum , feræque
    Impoſuit diadema fronti.

Regale nuper tùm premeres ebur,
Affedit altis fulta curulibus,
 Et per Palæftinos Tyrannis
  Explicuit fua figna campos.
Tremenfque & atrum fanguineâ manu
Telum corufcans, fecum Odia & Minas,
 Cædemque, & infanos Tumultus,
  Funeraque, & populorum iniquas
Strages, & indignum Excidium retrò
Laftentis ævi traxit, & inclyta
 Regnorum, inexauftafque longis,
  Cladibus evacuavit urbes.
Illam & parentûm dira gementium
Lamenta, Queftufque, & Gemitus retrò,
 Luftufque vicatim fecuti, &
  Irriguis Lacrymæ catervis.
Quòd fi caducis decidit amnibus
Præfagus imber, quid pluvias fequi
 Cunftantur ultrices procellæ?
  Et volucrûm ftrepitu quadrigarum
Incuffus Æther pigra Tonitrua, &
Immugientûm Fulmina nubium
 Compefcit? Indulgentque metæ
  Aëreis vaga tela pennis?
At nil trifulcis Acroceraunia
Dejefta flammis, nil Rhodopes jugum,
        E ij

Quaffave peccavêre cantes
    Emathiæ, nifi forte dirum
Inominatis marmora partubus
Fudêre monftrum : Rumpite, rumpite
    Montefque, fecundafque Regum
    · Fulmina præcipitate rupes.
Exfpiret auras : occidat, occidat
Funeftus., exfecrabilis, efferus
    Sector : crematuramque taxum
      Ipfe fuper cumulumque regni
Summum cadaver fumet, & aëra
Cælumque diro liberet halitu
    Fatale monftrum, diffidentûm
    · Ludibrium Furiarum & Orci.
Perrumpe tractus impenetrabiles,
Ignava Tellus, defuper arduâ
    Volvente faxorum ruinâ ;
      Quam Pelagus fuper, & refusis
Bis terque Nereus Syrtibus infonet.
Audimur. Ingens fidera verberat,
    Spumamque, limumque, & rapaces
    Oceanus glomeravit undas.
Jam nutat Æther : jam barathrum prope ;
Vaftifque campi diffiduis hiant.
    Jam fractus illabetur Orbis
    · Sacrilego capiti. I, profunda·

Inexpiato pollue Tartara,
Tyranne, leto : folus & igneum
Infume Cocytum, & frementem
Sulphureis Acherunta ripis.

ODE XXV.

EX SACRO SALOMONIS EPITHALAMIO.

Fulcite me floribus, ftipate me malis, quia
amore langueo.
Adjuro vos, Filiæ Jerufalem, ne fufcitetis ;
neque evigilare faciatis Dilectam,
queadufque ipfa velit.
Ecce ifte venit, faliens in montibus, tranfiliens
collea. Similis eft Dilectus meus capreæ,
hinnuloque cervorum.

M<small>E</small> ftipate rofariis :
Me fulcite crocis : me violariis :
Me vallate Cydoniis :
Me canis, fociæ, fpargite liliis.
Nam vifi mora Numinis
Mi facris animam torret in ignibus.
Vos o, vos ego filiæ
Cæleftis Solymæ : vos Galaditides,

Vos, o per capreas ego
  Errantefque jugis hinnuleos precor;
Antiqui genus Ifaci,
  Quæ faltus Libani, quæ viridem vago
Carmelum pede vifitis,
  Nymphæ nobilium gloria montium:
Ne vexate tenacibus
  Acclinem violis: neu ftrepitu pedum,
Neu plaufæ fonitu manûs
  Pacem foliciti rumpite fomnii?
Donec Sponfa fuo leves
  Somnos ex oculis pollice terferit:
Donec Lucifer aureus
  Rerum paciferum ruperit otium.
Summis ecce venit jugis
  Formofæ Soboles Matris, & unicæ
Formofi Soboles Patris:
  Silvarumque fuper colla comantium, &
Intonfum Libani caput,
  Magnorumque falit terga cacuminum, ac
Proceras nemorum domos
  Prono tranfiliens præterit impetu:
Veloci fimilis capræ,
  Quæ vifis humili in valle leonibus,
Per prærupta, per ardua,
  Sublimi volucris fertur anhelitu.

ODE XXVI.

AD D. VIRGINEM MATREM;

Cùm fame , bello cælique intemperie laboraret
Polonia.

AUREI regina MARIA cæli,
Mœfiæ valles, Hypanimque latè
Nubium curru fuper & nivofis
    Vife quadrigis.

Aureus tecum puer , & corufcis
Aureæ pennis properent catervæ;
Et Salus, & Pax, & aperta pando
    Copia cornu.

E iv

ODE XXVII.

AD CLAUDIUM RUFUM.

Sibi sepulcra & tumulos Regum scholam esse.

Non me Democriti sales,
   Non me Cecropii porticus atrii,
Non percussa docentium
   Delectant calidis pulpita jurgiis,
Vel quæ pectoris impotens
   Clamosi celebrat turba Panætii;
Vel quæ Pythagoræ senis
   Doctâ tusse crepat. Me veterum frequens
Memphis pyramidum docet:
   Me pressæ tumulo lacryma Gloriæ;
Me projecta jacentium
   Passim per populos busta Quiritium,
Et vilis Zephyro jocus
   Jactati cineres, & Procerum rogi,
Fumantumque cadavera
   Regnorum, tacito, RUFE, silentio
Mœstum multa monent. Mihi
   Pompeii gelido sub Jove segreges
Artus, & lacrymæ carens

Defertoque vagum litore fumus, &
Magni nominis indigum
  Corpus , magniloqui verba Panætii
Compenfat breviùs ; neque
  Regales patitur quærere copias.
Nolim Pieriis macer
  Infudare libris , hue tacito vigil
Impallefcere Socrati :
  Si Regum titulos , & tumulis fuper
Fulgentem premo Gloriam , &
  Calco nobilium nomina Cæfarum.

ODE XXVIII.

AD FAMAM.

Laudes Ladiſlai , Principis Poloniæ Sueciæque
ab illa cani oportere.

Age picti moderatrix Dea mundi ,
  Quate pulfo titubantes pede nimbos ,
  Age , claras famulantûm quate pennas Aquilonum ,
Glacialis rege currum Cynofuræ ,
  Cata fpiffos fuper imbres equitare ,
  Simul Euros animavit generofo tuba cornu.

Tibi plaufus populari vagus aurâ ,
   Tibi pulchræ fociali vice laudes ,
   Famulantur falientûm comitata chorearum.
Tibi feptem Tiberinæ juga ripæ
   Saliari cita gyro glomerantur :
   Tibi longus per apricum falit ordo thyaforum.
Age , facrum glacialis jubar Urfæ ,
   Cane Medis , cane flavis Agathyrfis :
   Cilicumque & pharetratis Nafamonum cane turmis.
Tibi Princeps , opulenti liquor Hermi
   Grave nomen fluviali linet auro :
   Tibi carmen pretiosâ perarabit Tagus urnâ.

MATTHIÆ CASIMIRI
SARBIEVII
LYRICORUM
LIBER TERTIUS.

ODE I.

AD FRANCISCUM CARDINALEM
BARBERINUM,

Urbani VIII. Pontificis Max. fratris
filium.

Absiste vulgus. Nil humili juvat
Cantare buxo , nil popularibus
  Nervis , verecundoque functum
    Barbiton ingeminare cantu.
Te Vaticanæ sidus adoreæ ,

FRANCISCE, dicam. Te niveis fuper
 Cunis liguftrorum reclinem.
  Pulcher Honos, croceoque Phœbus
 Perfudit imbri. Te rofeus Pudor
Virtufque primùm non pueriliter
 Rifêre nafcentem, & fupinis,
  Lilia fuppofuêre membris.
Tunc & jocofo murmure garrulus
Arguta primis verba leporibus,
 Dulcefque vagîtus ab' ipfis
  Crederis edidiciffe Mufis.
Tunc & caducis pingere liliis
Molles pruinas, & violaria, &
 Nubem rofeorum protervo
  In puerum cecidiffe nimbo.
Nec non feveri flumina Liberi
Manaffe credunt, mellaque Dardanos
 Erraffe per vicos, & Urbem
  Uberibus fecuiffe rivis:
Lævumque vernæ munere copiæ
Rififfe Tibrin, & virides procul
 Straviffe per ripam tapetas,
  Œnotrios Aniene fontes
Gratum allocuto, lene cadentibus
In verba lymphis. Ite loquacibus
 Per plana camporum fluentis;

Ite , novos itemte lufus ,
Auræ cachinno molliter herbidas
Plangente ripas. Nafçitur , & viti
 Sincerus , illimifque morum
  Innocuæ fluit amne vitæ
Princeps , amœnæ flumen Etruriæ :
Ille , & profundi fervidus ingeni ,
 Frugemque Virtutum , & Latinis
  Reftituet fata læta campis :
Auroque fufum tempus , & aurei
Latè per urbes flumina feculi
 Diffundet , & regnata parvo
  Rura Jovi , refidefque glebas
Deliberato vomeris otio ,
Bacchoque & albis frugibus induet :
 Ripafque , mirantefque filvas
  Hefperiæ linet amne gazæ.

ODE II.

AD D. MAGDALENAM

Chrifti necem deflentem.

Cum tu, MAGDALA, lividam
   Chrifti Cæfariem, cùm malè pendula
Speftas brachia, pro! tibi
   Peftus non folitis fervet amoribus.
Non es, qualis eras: tibi
   Non mens femianimis reftat in artubus:
Non fronti teneræ nives,
   Non vivax rofeis purpura vultibus,
Non notus fuperéft color:
   Sed mors marmoreis pingitur in genis,
Et vitæ gracilis via
   Exili tacitè fpirat anhelitu.
Non, me fi fatis audias,
   Plores perpetuùm triftia, tertia
Cùm lucem revebet dies,
   Mutati referet munera gaudii.
Nam quæ fole caret duplex,
   Ridebit geminis tertia folibus.

ODE III.

AD FRANCISCUM CARDINALEM
BARBERINUM.

Clementiâ potiſſimùm Principes ornari.

FELIX qui dubio forte caput ſuppoſuit Jovi,
Nutantique polo : nec trepidâ ſceptra tenet manu,
Nec ſperat cupidus, ſed fruitur : nec pavidus tenet,
Sed ſecurus habet. Tu modici lenior imperî,
Nec plauſum tacitæ plebis emes ; nec miſerabiles
Divendes lacrymas nobilium cæde Quiritium :
Te juſtus populi clarat amor. Cetera diffluent :
Hoc uno veniet dives opum copia flumine,

ODE IV.

AD EGNATIUM NOLLIUM.

Æquo semper rectoque animo adversùs Fortunæ
inconstantiam standum esse.

Sɪᴠᴇ te molli vehet aura vento ,
Sive non planis agitabit undis ;
Vince Fortunam , dubiasque , NOLLI ,
    Lude per artes.
Riserit ? vultum generosus aufer.
Fleverit ? dulci refer ora risu.
Solus , & semper tuus esse quovis
    Disce tumultu.
Ipse te clausam modereris urbem
Consul aut Cæsar : quoties minantûm
Turba Fatorum quatient serenam
    Pectoris arcem.
Cùm leves visent tua tecta Casus ,
Lætus occurres : præeunte Luctu ,
Faustitas & Pax subeunt eosdem
    Sæpe penates.
Dextra sors omnis gerit hoc sinistrum ,

Quòd facit molles : habet hoc finiftra
Profperum ; quem nunc ferit, imminentes
　　　　Durat in ictus.
Ille qui longus fuit , effe magnus
Definit mœror. Facilem ferendo
Finge Fortunam : levis effe longo
　　　　Difcit ab ufu.

ODE V.

AD PUBLIUM MUNATIUM

Mærorem animi colloquiis & cœtibus amicorum
temperandum effe.

Si quæ juvabit dicere faucium ,
Permitte , PUBLI, compofitam malà
　　Loqui cicatricem , & latentes
　　　　Parce animo fepelire curas.
Secura ferri robora fæpiùs
Occultus ignis fubruit : & fuper
　　Minora filvarum caducum
　　　　Traxit onus , nemorumque famam
Stravit virentem , quam tonitru levi
Quondam favillà lambere geftiit

Impunè. Te longus filendi
 Edit amor, facilefque luctus
Haufit medullas. Fugerit ocyus,
Simul negantem vifere jufferis
 Aures amicorum, & loquacem
  Queftibus evacuâris iram.
Olim querendo definimus queri,
Ipfoque fletu lacryma perditur:
 Nec fortis æquè, fi per omnes
  Cura volat refidetque ramos.
Vires amicis perdit in auribus,
 Minorque femper dividitur dolor,
 Per multa permiffus vagari
  Pectora, nec rediiffe quondam,
Pulfus fuperbit. Vife fodalium
Cœtus: & udis fic temerè jace
 Lofufus herbarum lacertis,
  Ad patrii leve murmur Hallæ.

ODE VI.

AD MARCUM SILICERNIUM.

Veras effe divitias, quæ a bonis animi
petuntur.

Nunquam præcipiti credulus aleæ
Cum Fatis avidas compofui manus,
Ut mecum taciti fœdere prælii
     Æquâ pace quiefcerent.
Quid Fortuna ferat craftina, nefciam,
Heres ipfe mei. Quas dedit, auferet,
Non avellet opes, quæ procul extimo
     Semotæ fpatio jacent.
Quæ poffunt adimi, non mea credidi:
Nunquam pauperior, fi meus integer.
Regnum, MARCE, mei, fi bene de meis
     Vectigalia cenfibus
Intra me numerem. Pars animi latet
Ingens, divitibus latior Indiis,
Quò non ter fpatio longiùs annuo
     Itur navibus aut equis.
Sed mens affiduum vifitur in diem

Hofpes fæpe fui, non ebur, aut novas
Mercatura dapes, ipfa fui fatis
   Dives, fi fibi cernitur.

ODE VII.

In turpem feculi Avaritiam.

FRUSTRA querelis & gemitu parùm
Deliberato flevimus, arcium
   Portas & emunita fævo
    Mœnia procubuiffe ferro.
Tot civitatum clade fuper parum
Peccàvit enfis; quando labantium
   Infirma murorum reperto
    Oppida fuffodiuntur auro.
Eheu! fecundum militis ad latus
Primus refedit fedulus artium
   Foffor pudendarum, & decores
    Explicuit fine fole vultus
Vicina juxta pocula lætior!
Cefsère fervis tela ligonibus!
   Plebeius (heu nefas!) equeftri
    Malleus affociatur haftæ!
Pax ipfa bello deterior fubit,
Cum vilis auri belligeras amor

Pacavit iras , & repenfis
    Prælia detonuêre nummis.
Pugnare dignos fole palam duces
Celant opacæ nobilis obfides
    Auri cavernæ. Jam caduci
        Defuper intremuêre colles.
Nolunt adefo jam dubiæ folo
Pendere turres. Excutit impios
    Tellus colonos , in ruinam
        Ambiguis agitata campis.
Fugêre turpes agricolas agri :
Infons avaris litus ab urbibus
    Migravit , & contaminatos
        Æquora deferuêre portus.
Natura maghis dum fepelit nefas
Rerum ruinis , vitrea fontium
    Oblevit ora , ut navigatos
        Sicaniæ Venetæque merci
Puniret amnes. Vidimus Aufidum
Nufquam repertas , arva per Apula ,
    Quæfiffe ripas , cùm fequacem
        Diftinuit malus error undam ,
Haufitque nubes vallibus integras
Turbo foluto plana per alveo ,
    Regum piaturus penates
        Flagitiis , populique noxâ,

ODE VIII.

AD ÆLIUM CIMICUM.

Cùm Auctor in Russiam citeriorem profecturus esset.

ÆLI, non fumus arbores;
  Ut quo quifque loco natus, inutili
Duret perpetuum morâ.
  Nolis cæruleas Sarmatiæ domos,
Et canæ juga Ruffiæ
  Intentata mihí, dum Zephyri vocant,
Et ficcæ nimiùm viæ.
  Non fruftra properis impofuit rotis
Currus Japeti genus;
  Et terram pavidos linquere navitas
Pictis non fine carbafis,
  Remorum celeri propulit agmine.
Non fruftrà patiens equi
  Se fternit mediis trames in Alpibus.
Magno dignum iter Hercule,
  Naturæ ingenium ftruxit, idonéis
Dimenfum juga paffibus,
  Quà fe præcipiti Gloria vertice

Laffo oftenderet Herculi ;
   Dignatufque fequi pergeret Annibal :
Regnumque ac Lybicos manu
   Attollens populos Æoliam fuper
Et triftes nebulis dómos ,
   Armatam Italiæ infunderet Africam.
Non foli loca quærimus :
   Nufquam fixa fatis Pergama tranfeunt :
Teucrique & Dolopes migrant.
   Mutant magna fuas regna vices : nihil
Perftat , quo genitum eft , loco.
   Cùm primùm geniti , matris inertia
Terræ vifcera rupimus ,
   Moti particulam traximus ætheris :
Cælique ingenio patris ,
   Cum matre immemores ftare , cucurrimus.

ODE IX.

Panegyris ANNÆ RADIVILIÆ *Castellana Trocensis ducissa Nesuisii.*

Quo te Dearum nomine consecrem,
Vicina cani Nympha Borysthenis?
   Themisne, an una Gratiarum
     De tribus excipiêre Divis
Scribenda Driei? Cedit aquis tibi,
Utcumque pictis fertur oloribus,
   Cretâque; & innantem relinquit
     Oceano Cytherea Delon.
Hinc & severo migrat ab Algido
Parum serenis Cynthia cornibus,
   Quamvis anhelantûm lacessat
     Ira canum, teretesque rumpant
Virgulta damæ. Sed tibi dulciùs
Tranquilla rident Palladis otia;
   Seu tela non mendax retexto
     Bella virûm simulare in auro
Mensem fefellit; seu tibi Cælitum
Vestire nudas spiritus incidit
   Aras, & aulæis & ostro

Pauperibus

Pauperibus placuiſſe Divis.
At non inani Fama canit tubâ
Te vi potentis non ſine conſili
   Ventura tangentem ſagaci
     Mentis acu celerique curâ,
Triſtis videri prodit : & unicè
Sibi ſerenis pervigil in genis
   Lucet Venuſtas : ſeu coruſcum
     Cæſariem tibi pingit aurum,
Non indecoræ nube Modeſtiæ
Exſtinguis aurum vilius aſpici,
   Gemmaſque nolentes latere
     Moribus ingenioque celas.
Hinc inde rubris Creta coralliis,
Illinc ſmaragdis fulguret India:
   Cùm pura Virtus fulſit, omnes
     In tenebris latuêre gazæ.

ODE X.

AD MUSAM.

Laudes Ladiſlai Principis Poloniæ & Succiæ.

CARMINUM præſes citharæque Clio
Dic ubi molli, reſupina ſomno

                        F

Feta rumorum cubet eruditis
　　Fama sub antris.
Rumpat ignavos, age, dic, sopores
(Nam locum nosti) nimiique fessa
Somnii, tergat niveo morantem
　　Pollice somnum.
Thespio currum moderante loro,
Solis auratas, age, dic, quadrigas
Scandat, & claros gemino triumphos
　　Differat orbi.
Narret hibernis Helicen pruinis
Barbaro nuper caluisse tabo,
Narret Arctoe rubuisse canum
　　Sanguine Pontum.
Prodigus laudes tibi fundet Indus
Ostiis septem, Tibi dives æris
Accinet Lydus ; tua volvet ingens
　　Nomina Ganges.
Te canent Solis Garamantes arvis :
Te Dacæ, Princeps, pluviæque pauper
Maurus, & Cydni, vitreique discet
　　Potor Enipei.

O D E X I.

AD FRANCISCUM BARBERINUM.

Laudes Francisci Cardinalis BARBERINI.

Quis me citatus posteris impetus
Denso sedentem propulit aëre,
 Currusque nimborum morati, &
  Per medias equitare nubes,

Et plana terrarum, & populi casas
Regumque turres non sine gaudio
 Calcare sublimem, & superbo
  Regna super volitare curru?

Rerumne falsâ ludor imagine?
An picta mundi moenia, & igneas
 Arces, coronatumque flammis,
  Et liquidum sine labe Solem

Prævertor? Hic & patria siderum,
Clarusque cæli baltheus aurei,
 Campique stellarum, & decemplex
  Perpetuo radit aula gyro.

Quâ parte cæli Principis aureas
Inscribo laudes? Hinc adamantinis
 Æternus Orion in armis,

      F ij

Et gemino propè Caftor igni
Fortem repofcunt. Hinc gravis Hercules
Famæ propinquum poftulat Herculem :
  Hinc noftis immunem & veterni
  Parrhafii vocat ora plauftri.

Acrem & timori cedere nefcium
Addam Leoni ; quem penes igneæ
  Æftatis arvorumque cura , &
  Flava Canis Cererifque regna ?

Juftam & tenacem propofiti manum
Mundi ferenis partibus afferi
  Exfpectat Autumni Virago :
  Quæ geminam finè fraude Libram

Ævique frenos , & celeres vehi
Compefcit Horas. Hinc tibi patrio ,
  FRANCISCE , cedentes Olympo
  Pleïadas Hyadafque cerno :

Illic laborat Phofphorus hofpitas
Laxare nubes : hinc tibi lucidus
  Collumque repentefque cælo
  Scorpius abftinuiffe chelas ,

Auroque comtum Marmaricus Leo
Crinem totondiffe , & radiantium
  Opima villorum , & jubatas
  Velle polo revocare flammas.

Infculpta cælo gloria fofpitat

Heroas : anni cetera subruunt.
Aulæque , sceptroque , & columnis
Excidium sua dixit ætas.

ODE XII.

AD AURELIUM FUSCUM.

Omnia humana caduca incertaque esse.

Sı primum vacuis demere corticem
Rebus, FUSCE, velis, cetera diffluent
Vernæ more nivis, quæ modò nubium
    Leni tabuit halitu.
Formosis refeces fortia : displicent.
Externis trahimur. Si malè Dardanis
Respondens Helenæ pectus amoribus
    Famosus videat Paris ;
Nusquam per medii prælia Nerei
Ventorumque minas splendida deferat
Graii furta toti. Sed bene mutuo
    Rerum consuluit jugo
Naturæ Dominus , quòd niveis nigra ,
Lætis occuluit tristia. Qui bona
Rerum de vario deliget agmine ,
    Consulto sapiet Deo.

ODE XIII.

AD MOSCOVIAM.

*Cùm Principem Poloniæ Moſchi in imperium
arceſſerent.*

Moscua, cur iniquas
Aureis fruſtra pharetris diminuis ſagittas?
Vulnera cur adaſto
Dirigis ferro? Cohibe ſtridula contumaci
Barbara tela nervo.
Jam tibi Mavors facili molliit arma riſu.
Jam tibi mulcet iras:
Jam tibi frontem lepido temperat in ſereno.
Jam cecidêre tela:
Jam pharetratis clypeus demigrat e lacertis,
Quid lacrymoſa torvam
Exaras rugis faciem? Quid melius ſupinis
Fletibus Aſtra poſcas?
Quid bono Divi melius mittere Rege poſſint?

ODE XIV.

AD HONOREM.

Cùm FRANCISCUS BARBERINUS *purpurâ facrâ ab* URBANO VIII. *Pont. Max. ornaretur.*

T E clara Divûm progenies, Honor,
Marfæ canemus carmine tibiæ :
   Te, meta votorum, & laboris
     Dulce lucrum, voluerifqué vitæ
Formofa merces. Te decorum patrem
Inter ferenæ fulgura Gloriæ,
   Lunæque ftellarumque cunas,
     Imbre fuper radiorum & auri,
Virtus marito confcia Numini
Effudit illuftrem, & genialibus
   Toris coronatum reclinem
     Idereâ religaffe zonâ, &
Non indetoræ fidere purpura,
Grataæque rifu Lucis, & ofculis
   Miros anhelantem nitores
     Celfa fuper pofuiffe fceptra,
Et molle fertur fafcibus & mitris
Aptaffe fulcrum : quas ftipulæ modo

F iv

Prenfaffe per ludum , & procaci
　Diceris arripuiffe dextrà.
Te prorogati filia Temporis ,
Germana Reſti , candida Veritas
　Non erubefcendis adurit
　　Ignibus ; ingenuoque parvus
Luces honefto , fervidus ardua
Curare rerum. Te patriæ parens
　Tranquilla Libertas , Fidefque ,
　　Et duplicis ftudiofa mundi ,
Illiterato quæ procul otio ,
Fecunda veri tempora dividit ,
　Arcęmque Caufarum , & corufci
　　Prævehitur vaga regna Phœbi.
Te , quæ propinquâ clade fuperbior
Gaudet cruentis Diva periculis ,
　Laffare Fortunam duello , &
　　Per medias docet ire mortes.
Illam impotentûm exercitusi mbrium
Infana aquarum rumpere prælia ,
　Undas refringentemque flammas ,
　　Attoniti pavet ira mundi.
At non & æquo fœdere conferit
Non temperato peſtore Comitas
　Cultufque , tranquillamque morum
　　Temperiem , fimilemque vultum:

Sive æftuofus. gurges inhorruit
Civilis undæ., cùm popularium
   Æftu procellarum , & dolosâ
    Carbafa diripiuntur undâ :
Seu rauca vulgi murmura lenibus
Sedêre ventis , cùm placidum fibi
   Confenfit æquor. Te decoro
    Nobilitas comitata greffu
Centum vetuftas nectit origines,
Centumque retro per populos fluit
   Ceris avorum : nec feveræ
    Martis opes, aquilæve defunt,
Cenfufque , & almæ vulgus Adoreæ
Anciliorum , & ftemmatis , & togæ,
   Fafcefque , laurique , & frementûm
    Turba retro Titulorum inanes
Exercet auras, non fine Plaufibus ,
Famæque & aureo Nominis effedo ,
   Quod turba mirantûm, & curule
    Frenigerâ trahit aure vulgus.
Jamque & virentis vere pueritiæ
Malas amictum, purpureus fimul
   Autumnus irrepfit decoras
    Flore genas, per aperta latè
Effulgurantûm culmina fiderum
Effrena currû jungere fulmina ,

                  F v

Nubefque præterveſtum & imbres
  Quadrijugis dare lora ventis
Miramur omnis turba minor pedum:
Supina curvo poplite Civitas,
  Votiſque, & obtutu fagaces
    Puniceum Jaculantur æem
Unde & coruſcis oppida mœnibus,
Pictumque velis æquor & fiſſalis,
  Regumque turres barbarorum, &
    Attonitas ſpecularis urbes.
Tu regna ventorum, & pelagi gravem
Compeſcis iram : tu vaga ſiderum
  Cryſtalla frenas : tu frementes
    Lucis equos, vigileſque mundi
Metaris ignes. Te penes Æquitas :
Et ſepta Tuſcis Jura ſecuribus
  Stipantur : annoſæque Leges,
    Et niveum ſine cæde Juſtum.
Tecum ſupellex aurea, & aſperi
Gemmis tiaræ : te radiantium
  Nexus coronarum, Tereti
    Regum apices, lituíque circum.
Et regiarum ſidera frontium,
Mitræque fulgent, & diademata
  Ad uſque formoſam Diei
    Invidiam, opprobriumque Solis.

At retro flavum lambere pulverem
Livor rotarum , & degeneri folum
    Mento cecidiffe , & procacem
        Mœret humi pofuiffe vultum :
Plenoque nufquam Divitiæ finu
Gazæquè , & omnis turba Pecuniæ ,
    Et grando Gemmarum , & refufi
        Per populos vagus imber auri.
Tu lene Tormentum ingenio admoves ,
Mentefque dulcis nectare Gloriæ
    Plerumque mulces. Te feracem
        Confilii , facilemque vendi ,
Emiffe doctus circuit Ambitus ,
Fucoque & albis veftibus uniè
    Formofus , agnofcique duplex ;
        Et placidæ fine nube rugæ.
Rifu ferenæ frontis idoneus
Mirè fagacem fallere curiam ,
    Difcrimen obfcurum dolofis
        Artibus , ingenioque mortem.
Spes mille circum nubibus infident ;
Plenoque regni pectore turbidum
    Bacchantur : at turpes Repulfæ ,
        Et volucris fuga ridet Auræ.
Te quanquam anhelantûm ignea fiderum
Sufpirat ædis , Principis aureos

                        F vj

Invife poftes. Hìc ruinas
Imperii feniumque mundi
Curare folers , define triftium
Tandem querelarum , & potiùs facrâ
Incude diffingas in aurum
Sæva Ducum Procerumque tela.

ODE XV.
AD APES BARBERINAS.

Melleum veniffe feculum.

CIVIS Hymetti , gràtus Atticæ lepos ,
Virgineæ volucres ,
Flavæque veris filiæ ,
Gratùm fluentis turba prædatrix thymi ,
Nectaris artifices ,
Bonæque ruris hofpitæ ,
Laboriofis quid juvat volatibus ,
Crure tenus viridem
Perambulare patriam ,
Si BARBERINO delicata Principe
Secula melle fluunt ,
Parata vobis fecula ?

ODE XVI.

AD SEIPSUM.

Quid diu vanas feriente nubes
Vota fallaci jaculamur arcu?
Quid loquor dudum mihi Conful ipfe,
   Ipfe Senatus?

Ite, mordaces, procul ite, Curæ;
Me vocat notis Helicon viretis,
Me facrum lauri nemus, & canorum
   Phocidos antrum.

O ubi molles Heliconis umbræ!
O ubi Cydnus, violifque pictum
Thefpiæ rupis caput! o fonori
   Flumina Pindi!

Me quis ad veftros Aquilo receffus,
Aut quis alatâ Zephyrus quadrigâ
Deferat feffum, gelidofque Cirrhæ
   Siftat ad amnes?

Vos mihi Romam, Phrygiifque centum
Pendulas faxis fimulatis ædes:
Vos Aventinum Capitoliique im-
   mobile faxum.

Hìc ubi levi cecidère mufco
Virgines undæ , vitreoque garrit
Ore Clitumnus , nimiùmque labi
　　　Sedulus Almon :
Hippocréneis abière rivis
Pegafi fontes , Aganippidumque
Murmur , & cántus , & euntis agró
　　　Copia lymphæ.
Alter hìc Liris fugit , alter Ufens :
Alter illimi Thrafimenus amnè
Trudit electrum , liquidoque Plævè
　　　Volvitur auró.
Hic ad Empufæ némus , & virentem
Æfaris ripam ftudiofa florum
Aura colludens cumulo jocantis
　　　Obftrepit undæ.
Lenis hìc Auræ tepor , hìc Venuftas :
Hic nitor rerum , meliorque cæli
Vultus : hìc plenis agitata manant
　　　Gaudia ripis.
Hìc Sales comti , facilefque Rifus.
Hìc levis circum Jocus , & decentes
Gratiæ plenos referunt refecto
　　　Flore quafillos.
Hic mihi feptem meliùs renident
Romuli colles , gracilefque venti

Leniùs perflant gelidam supini
    Tiburis arcem.
Collis o sacri decus ! o magistrum
Numen ! o Graiæ fidicen Camœnæ
Phœbe ; si gestis procul arduo de-
    scendere Cyntho,
Huc ades longi mihi tessis oti.
Tuque (nam me quis prohibes ?) reposta
Affer in primis mihi , FUSCE, grati
    Carmina Flacci.

ODE XVII.

AD TIBERIM.

Eum Beneficentiæ & Liberalitatis URBANI
    VIII. *Pont. Max. symbolum fore.*

TIBRI, siste precor, nec rapidæ regna licentiæ
Jactaris temerè : ne Latii litora Nerèi
Undarum nimio deciduus plauseris agmine.
Quid per plana , per abrupta , per impervia lubricum
Vectigal domino deproperas Nereidum patri ?
URBANI patulæ credideris flumina dexteræ :
Tunc seu melle fluent , seu rutilis secula fontibus ,
Fies auriferis nobilior fabula Lydüs.

ODE XVIII.

Laudes Francisci Cardinalis BARBERINI

Hic ille planis Oceanus patet
Laudûm carinis. Ite loquacia
   Per tranftra , facundifque , Mufæ ;
     Carmina deproperate remis.
O qui loquentis flamine fibili ,
Lenique facræ nubis anhelitu
   Impellis antennas , Notorum
     Alba fuper volitare terga
Doctus , procellas & bijuges celer
Frenare nimbos , huc age Delphicâ
   Lauru , coronatamque myrto
     Pegafeæ dominator undæ
Infcinde puppim. Quod timidi priús
Sulcemus æquor ? quod pelagus fitum
   Fundoque Virtutum , & refufæ
     Per populos maria alta Famæ ?
Vates profundæ navita Gloriæ
Invifat ? Illinc alta frementium
   Moles procellarum , & protervæ
     Fluctibus intonuêre lymphæ.

Hæc illa parci nefcia litoris,
Avara cæli, prodiga munerum
   Bacchatur, & pecuniarum
     Cæruleo pluit aura nimbo.
Hæc illa magni pectoris indoles
Sefe ipfa rerum fluctibus erigit,
   Curafque, & alternis natantem
     Confiliis animum remifcet,
Vindex avaræ fraudis, & abftinens
Lucrantis auro regna pecuniæ,
   Rerumque prudens, nec cruentæ
     Laudis iners, animique parca.
Hinc æftuantûm mota fuperbia
Subfedit undarum, & procul arduum
   Ad litus acclinata blando
     Æquora decubuêre fomno.
Hoc illud alti Principis otium
Claufum quieti vefte filentii,
   Somnique curarum, & labore
     Emta quies, animique vefper
Longi repenfus merce negotii.
Cùm dulcis inter clauftra Modeftiæ
   Sceptrumque & immenfis reclinat
     Regnum humeris, onerique parcit.
Obliviofus diffipat Hefperus
Regum labores. Damna fugacium

Plerumque curarum reponunt
Pervigiles fine nocte fomni.
Aulæ nitorem cùm benè nefciæ
Texère noctes, nobilium fimul
Pompam catervarum retexit
Clara dies, rediêre Curæ.

ODE XIX.

AD MILITARES EUROPÆ ORDINES.

De Provinciis Græciæ recuperandis.

S<small>I</small> quem cruentæ vultus Adoreæ,
Si fufus auro miles, & inclyti
    Urunt in argento triumphi,
        Artifici fimulante dextrâ,

Sculptæque laudes, & titulis fuper
Afflata fignis vita Corinthiis,
    Cultufque, morefque, & perennis
        Pene loquax fua Fama faxo:

Hic fi locari poftgenitis facer,
Et per nepotum lucidus atria
    Quærit videri; deftinatam
        Funeribus meditetur aram,

Vultumque vultu fingat Achillei ,
Dextramque dextræ commodet Hectoris ,
  Dignus Timantheâ notari
    Arte , Syracofioque cælo :
Letique curtâ merce perennius
Lucretur ævum ; quos fibi demferit
  Caris redonaturus annos
    Conjugibus , puerifque caris.
Hîc fi timendus geftit ahenis
Horrere fquammis , quem litui fonus ,
  Sævique conjurata Martis
    Signa vocant , clypeo fubire ,
Sparfumque crinem verficoloribus
Mutare criftis , & rapidum vehi ,
  Dum per rejectantes lacertos
    Ambiguæ fluitent pharetræ :
Illum paluftri confita fraxino
Pofcit Methone , pofcit Acarnia
  Lacus , Tanagreique faltus ,
    Aut graciles Marathonis orai ;
Gnoffofque telis , & refonum gravi
Stymphalon arcu. Non chalybum rudis
  Lemnos , nec inconfulta ferri
    Phocis erit , nec inermis Œa.
Si rurfus idem bella fidelibus
Committat Euris , æquoris impiger ,

Veloque & obluctante remo
  Ortygiis equitabit undis.
Illi Cytori pinus, & Hispidæ
Cupressus Idæ brachia frondium
  In transtra, & hærentem carinam
    Contrahet. Ærisonamque puppim
Non imperito remige muniet
Eubœa. Remos Thespia suggeret,
  Ausamque despectare nubes
    Veliferam dabit Ossa pinum :
Aut qui comatas educat ilices
Caycus, aut qui limpidus assitas
  Mæander intercurrit alnos,
    Aut dubii vagus error Hebri.
Nec si superbus poscat eques vehi,
Pugnæ scientes Ismara denegent
  Pullos, relicturasque retro
    Aut Noton, aut Aquilona plantas.
Si bellicosos proruat accolas
Servilis Hæmi, sparsa sequi celer
  Vexilla, palantemque Lunam
    Æmoniis agitare campis :
Illum & colossis conspicuum dabit
Venalis omni funere Gloria, &
  Doctis renascentem metallis
    Orchomenos, vel amica vivum.

Non pejeranti marmore Neritos
Ementietur, nec Capitolia
   Mutum, Palatinæve moles
      Stare finent fine laude civem.

ODE XX.

AD AULUM LÆVINIUM.

Vifnovii Poloni Equitis virtus, cujus pro patriâ
   interemti. Cor, per fummam barbariem,
      inter fe partiti Turcæ & depafti funt.

Eꜰꜰu ! quo citharæ fciens,
   Et Bacchi calidis fervida jurgiis,
LÆVINI, ruit indoles,
   Imbellem ftrepitum & docta procacibus
Saltum fingere clafficis,
   Auditoque choros cogere tympano,
Et menfam clypeo fuper,
   Et plenum galeis ducere Liberum !
Non hoc pectore Thracios
   Inter Sarmatici fulmina prælii
Fudit VISNOVIUS globos,
   Et Thracum volucres contudit impetus.

Ille , & fanguineis fuper
  Fumantûm cumulis hæfit Iazygum , &
Alti navita fanguinis
  Portum non foliti nominis attigit.
Illum Thraces Achaicis
  Rimati gladiis , pectoris invia
Dimovêre repagula :
  Et cor , & tepidâ morte fluens jecur
Devefci , & pia carpere
  Aufi facrilegis vifcera morfibus.
At non egregiam quoque
  Libarunt animam , nec Mareoticas
Pavit Fama libidines ,
  Aut fecura Getæ dentis adorea.
Eheu ! ftringite , pofteri ,
  Ferrum belligerâ ftringite dexterâ.
Heu primam gladii fitim
  Pubes Odryfiis imbue cædibus ,
Confoffifque reciprocum
  Rursùm pectoribus reddite fanguinem ,
Dudum in corpore Biftonum , &
  Venis immeritum fervere barbaris.

ODE XXI.

AD PRINCIPEM QUEMDAM
AD THERMAS PROFICISCENTEM.

Jucundam & honeſtam vitam fructuoſæ & anxiæ
eſſe præponendam.

Rᴇɢɪᴀs veto manus
 Tagi ſerenis imminere rivis.
'Utili placet luto ,
 Fucumque nobis fluctuantis auri
Flavus allinit liquor :
 Ex quo ſuperbi dives amnis Hermi
Sordidum lavit Midam ,
 Rudique limum duxit e Tyranno.
Ite , mobili vitro
 Albive Cydni , lucidive Xanthi ,
Ite , Principum manus ,
 Auri coruſcas ſubmovete labes.
Rivus integer viti ,
 Suæque purus conſciuſque lucis ,
Præterit fideliùs
 Regumque ſomnos , Cæſarumque palmas.
Dulce purpuræ decus :

Tuam micantis innocens metalli
Amnis irrigat manum :
   Midamque , Princeps , Tantalumque rides.
Vitreus tibi latex ,
   Lymphâ fequaces evocante lymphas ,
Lubricâ placet fugâ ,
   Quâ fervet Arnus , garrulumque pratis
Unda promovet pedem ,
   Ripafque pingit , candidique fontis
Uda volvitur dies.
   Hic thymbra pofcit , hîc amœniores
Humor educat rofas ,
   Et cana nardus , filiique Veris
Hinc & hinc bibunt croci ,
   Vivumque potant fluminis pudorem.
Hic comata lilia
   Paffifque Majus ambulat capillis.

ODE XXII.

ODE XXII.

AD CÆSAREM PAUSILIPIUM.

Ne nimiùm adolefcentiæ fidat.

Nɪ te, PAUSILIPI, fallat inanibus
Ætas deliciis, quæ fimul impigris
Incertum rapuit curriculum rotis,
Effreno citiùs labitur Africo.
Mendax forma bonum deficientibus
Annis præcipitat, vitrea concuti,
Dilabi facilis, cerea diffluere
Hornæ more rofæ, quam modò rofcidam
Cùm fovit tepidis mane Favoniis,
Diffolvit pluviis vefper Etefiis.
Nunquam quod rapido pollice texuit,
Audet compofitum Parca retexere:
Nec reddit refluo fecula turbine.
Felix ille, cui non breve temporis
Momentum placuit; qui juga mobilis
Ævi depofuit, qui fibi lucidam
Jam nunc folicito lumine patriam, &
Arcem nobilium deftinat ignium.

G

ODE XXIII.

AD JULIUM ARIMINUM.

Solis animi bonis nos belluis præstare.

Non Hydafpeis, ARIMINE, gemmis
Non domus flavâ laqueata cedro,
Aurei torrens neque te beatum
    Fecerit Hermi.

Mitte fectari, quis amœna præter
Prata, non parco fluat amnis auro.
Sit fatis Virtus animofa fedes
    Vifere Divûm.

Alter effultos adamante muros
Tollat, aut cæfas Sipylo columnas,
Foffor, infpectâ Styge, quas revulfo,
    Subruat Orco.

Ditior filvis habitat Sabæis
Ales Eois renovata buftis:
Ditior gemmis rutilo vagatur
    Pifcis Hydafpe.

Alter Eois variam lapillis
Subliget zonâ retinente pallam
Alter infignes Tyrio lacertos

Vinciat oftro,
Gratiùs leves variavit ales
Sparfa nativis.Philomela guttis.
Pulchrius Threffa, maculofa pingunt
    Pectora lynces.
Tonfa nos veftit pecus, & luporum
Terga mentimur : neque flava veftem
Dedecet vulpes , & abacta cafo
    Caftore pellis.
Una mortales numero ferarum
Eximit Virtus, volucrefque notas
Siderum fedes animus folutis
    Vifere pennis.

ODE XXIV.

AD JOANNEM RUDOMINAM.

In funere Georgii Rudomina fratris.

QUALIS trifulci fulminis impetus,
Quem Dedaleis feta vaporibus ,
  Pinguemve pabulata terram
    Per medias rapit ira nubes,
Faftidiofo cùm femel excidit
Immurmurantûm carcere nubium ,

                G ij

Per regna ventorum, per auras,
　Et dubias Aquilone filvas,
Per arva latè, per juga concito
Graffatur igni : jam capitis minor
　Aut Hæmus, aut percuffa Calpe
　　Non humiles pofuère faftus:
Interque diras Dux equitat faces
Communis omnes per populos Timor;
　Et ponè ftrages, & fupino
　　Deproperata ruunt tumultu
E nube Fata, non fine montium
Clamore, longus quem glomerat fragor
　Volentis audiri ruinæ,
　　Et volucrûm furiæ Notorum.
Talis fuperbis irruit hoftibus,
Mortis decoro pulvere fordibus;
　Et per Mufurmannos honeftam
　　Explicuit RUDOMINA pugnam.
Illum futuræ laudis & inclytæ
Mercede Famæ Gloria, mentium
　Regina, nundinata morti,
　　Per medios rapuit Gelonos.
Quam ponè Virtus, & Decus, & comes
Injuriofæ Religio necis,
　Per tela, per formidolofos
　　Quadrupedantûm, onagrorum hiatus

Exercitati militis , obvio
Venale fato proftituit caput:
   Sed vifus haud venire parvo
     Magnanimus RUDOMINA leto.
Nam dum duelli lætior , hoftica
Opprobriorum murmura vindice
   Excufat enfe , barbararum im-
     mortuus aggeribus cohortûm ,
Præfefta tandem colla volubili
Lapfu reclinat. Sed famulâ prope
   Decufque præfignifque Virtus
     Semi animem fubiêre dextrâ.
Mox expeditis corpore manibus,
Depræliatrix Gloria fiderum
   Occurrit , & fulvo reclinem
     Ire jubet fuper aftra curru.
At Fama latè tergemino tubæ
Longæva cornu fecula perfonat.
   Io triumphe ! vivit Aftris
     Ille meus RUDOMINA , vivit.

ODE XXV.

AD JOANNEM RUDOMINAM.

In funus Joannis Rudomina Patris.

QUEMCUMQUE mendax Fama Quiritium,
Et dedicatis denfa clientibus
    Corona, juratifque ftipat
        Imperii comitatus armis,
-Quamvis Lacæna picta fuperbiat
Sub vefte tellus, & famulentium
    Juxta lacertofæ cohortes
        Et clypeis radient & haft ;
Nec pervicacis ludibrium Deæ,
Nec concolores confilio Dolos
    Vitabit, aut circumfonantes
        Nobilium fugiet tumultus,
Nec concitato pectoris impetu
Nitente mentis remigio, foli
    Ignavus heres, innatantes
        Cæruleum per inane campos
Pervadet unquam : quippe volubili
Negotiorum pulvere fordida,
    Glifcente curarum tumultu,

Mens humiles remoratur alas:
At quem fupernis fedibus intulit
Mors, & profanis præcipitem procul
   Furata terris. Quò folutus
      Præpetibus RUDOMINA pennis

Exerrat! ohe! Quò per inhofpitas
Afflata leni pectora flamine
   Nubes, inacceffofque tractus
      Et fuperas agit inter arces!

Non ufitatis ille volatibus
Prævectus udas terrigenûm domos,
   Cœtufque vulgares, beatæ
      Non humilis venit hofpes aulæ.

Illum miniftrâ Religio manu,
Et delicato pectoris effedo
   Evexit inconcuffa Virtus,
      Et fuperis dedit ire campis.

Exftructa quondam celfa faventibus
Delubra Divis Munificentia
   Penfavit auratis Deorum
      Hofpitiis, famuloque cælo.

Hic vel corufco fe propè fiderum
Curru locabit, vel propior Deo
   E nube reclinis curuli
      Sub pedibus fua fata cernet:

Regumve torvos fubter acinaces,
                 G iv

Et regiarum fidera frontium,
Et tot Tyrannorum videbit
Suppofitos radiare fafces.
Et hæc ftupebit, quæ propiùs micant,
Obfcura craffo ferpere nubilo,
Latèque cafuras per urbes
Ora fagax oculofque ducet.

ODE XXVI.

In funere Ernefti Veiheri Palatini Culmenfis
filii, vitâ immaturè funfti.

PORRECTUS imo nec fcopulus vado,
Cautefque pronis amnibus imperat
Moras, neque undantem morantur
Fluminibus cava faxa lapfum.
Nec irretento prætereuntia
Tempus retardat fecula cardine;
Nufquam fatigatos Orion
Solvit equos properante curru.
Annos & Horas præpetibus rapit
Latona bigis. Irrevocabilis
Decurrit, effetamque prona
Accelerat cariem Juventus.

Apollinari nuper in agmine,
Florentis ævi limine vidimus
  Stantem VEIHERUM, lacrymoso
    Præcipitem cecidisse fato.

Mox ut caducis artubus ingruit,
Mors, æstuosis torrida febribus;
  Ferocientes devoluta
    Stamina diripuêre Parcæ.

Candente byffo penfa fluentia
Rupêre nodos: occidis, occidis,
  ERNESTE, ceu quondam procellis
    Exanimes cecidêre nardi.

Ceu dum per hortos cærulea manu
Defævit udus Jupiter, imbribus
  Sterni reluctantes Acanthi
    Laffa folo pofuêre colla.

Quid, Mors, fuperbo pectora turbine
Infana victrix furrigis, inferens
  Terris triumphales cupreffos,
    Et mutilam fine fronde taxum?

Mentis pudicæ candor, & indoles
Firmata fauftis fub penetralibus,
  Cultufque divinæ parentis,
    Fixa locant monumenta terris,

Vidit benignis moribus aureum
Felix Lyceum; vidit imaginem

G v

Virtutis ERNESTUM paternæ,
Et fimilem proavis nepotem.
Sævi trepæum funeris ardua
Virtus profundo præcipitat folæ.
Sublime Veiherana Virtus
Sidereo caput æquat orbi.
Illam fecundis Gratia brachiis,
Altufque curru Rumor eburneo
Ad aftra fuftollit videndam
Attonita volucrem juventæ.

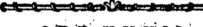

ODE XXVII.

IN PRIMI LAPIDIS JACTU

cùm JOANNES CAROLUS CHODKERICIUS
contra Ofmanum Turcarum Imperatorem figna moturus , Templum VIRGINI MATRI
Crofenfæ Societatis JESU *Collegii exftrueret.*

D IV U M locatus confilio Lapis,
Et dedicati liminis arbiter,
Quàm ritè de cælo migrantûm
Hofpitio Superûm corufcat !
Non tot fremebat litus Olympiis

Olim catervis , Graia Corinthio
   Dum luftra certatim Tonanti
     Inftabilis celebraret Ifthmos.
Te quippe Divûm turba demefticum
Marmor fuperni civibus ætheris ,
   Magnæque majeftas Parentis
     Perpetuis habitabit annis.
I , perge felix ; & latebras cavæ
Telluris intra : quà tibi tutior
   Templi fuperventura moles
     Fortibus infideat columnis.
Hic nempe quifquis facrificas manus
Inaugurato tinxerit unguine ,
   Cælumque , folemnefque facris
     Muneribus cumulabit aras ,
Et fronte plenum lætitiæ diem ,
Intaminatis pulcher honoribus
   Oftendet aris , & ferena
     Per folidum feret ora vulgus.
Plebifque denfo celfus in agmine
Divina cælo tendet adorea ,
   Quæ terra , quæ fupplex adorat
     Compofitis Pelagus procellis.
Nec verò furdis fideribus preces
Conchyliato murice fulgidi
   Myftæ feretis , dum faventi

                G vj

Pro CAROLO Carolique caſtris,
Optata Divis vota litabitis.
In ore veſtro ſolicitus ſuas
   Spes ille librat; & Tonanti,
     Et Patriæ ſua ſacrat arma.
Effrena veſtrâ detumeant prece
Formidoloſæ bella Propontidos,
   Et lævus Iſther, & Gelonus
     Viperto metuendus ictu.
Illuc citato Martis in eſſedo
Toto vehatur CAROLUS impetu,
   Et concatenatos ſuperbia
     Maſſagetas trahat in triumphis.
Juxta faventûm Cura Quiritium,
Denſiſque Laudes agminibus : Ducem,
   Et Plauſus, & depurpuratis
     Gloria concomitetur armis.

ODE XXVIII.
AD ABRAHAMUM BZOVIUM.

De facrâ Annalium hiftoriâ EUGENII IV.

QUALEM e nivofis Eridanum jugis
Primo cadentem leniter agmine
 Feftæ Napæarum catervæ
  Trajiciunt, hilarique circùm
Plaudunt natatu : mox ubi prodigus ,
Et temperati marginis immemor
 Prorupit, & præterfluentis
  Regna procul populofque lufit
Errore lymphæ ; degeneres fimul
Ripâque & immenfi hofpitio alvei
 Dignatus amnes , atque aquofum
  Immodico bibit ore cælum ,
Silvifque & arvis lætiùs imperans
Ripam evagantis feditionibus
 Metatur undæ , jam natari
  Difficilis , nimiùfque campi ,
Venti paventem non bene fuftinet
Dorfo phafelum : lætior arduas
 Subire bellantûm carinas ,

Et galeis clypeifque longè
Clarus videri , donec Iapygas
Amnes avari fluctibus Adriæ
    Summifit , & majore ponto
      Velivolum dedit ire Martem:
Sic te fluentem leniter auree
Torrente linguæ , prima per Italas
    Clamata defatigat urbes
      EUGENII pia cura Patris.
Qui bella Regum , & illacrymabiles
Rerum tumultus flectere providus,
    Mundi laborantis ruinas
      Extulerat fubeunte collo.
Sacrique Veri foliciti Patres
Quos infidelis litora Bofpori,
    Rubrive fubmisère ponti
      Regna , Paraetoniive Nili ,
Lectum remotis confilium plagis
Rerum potentem vifere Tufciam , &
    Leges peregrinofque ritus
      Dardaniis fociare facris.
Hàc tu profanis caffa furoribus ,
Doctifque narras praelia vocibus
    Pugnata , clamatumque Martem,
      Quà vitrei ruit amnis Arni.
Nec otiofæ more licentia.

Exaggerato defluis alveo:
   Sed plana per rerum profundo
    Ore ruis, mediufque ripæ.
Mox & citato plenior impetu,
Linguæ fonoro flumine devehis
   Claſſemque, & evagata longè
    Ambracio pia bella Ponto.
Quò nos avorum bella trahunt, retro
Seri nepotes ibimus? Ibimus
   Pulchros redordiri labores,
    Et veteres reparare palmas?
Solufne palmas, folus Achaica
Obliviofi noâe filentii
   Abducit Abramus tropæa,
    Et veteres revocat triumphos?

ODE XXIX.

AD AMICOS BELGAS.

Est & remotos non humilis furor
Luftrare Belgas. Ducite, Gratiæ,
   E valle Permeſſi vagantem
    Pegafon; alipedemque facris

Frenate fertis. Ut micat auribus !
Vocemque longè vatis amabili
   Agnofcit hinnitu ! Ut Dearum
     Frena ferox , hilarique bullam
Collo popofcit ! Non ego degener
Ignáva curfu rumpere nubila ,
   Terrafque defpeftare , & omni
     Vincere Bellerophonta cælo.
Jam jamque retro Carpaton , & procul
Frontem nivalis refpicio Craci ,
   Turrefque Carcinæ , & vetufti
     Tranfilio juga Carroduni ,
Canamque Peucen. Jam Calais fupra
Zethique pennas & Boreæ patris ,
   (Quamvis Erechthæam maritis
     Tolleret Oritheian alis)
Albimque , Rhenumque , & liquidum nihil
Tangente Mofam prævehor ungulâ ;
   Jam jam corufcas Andoverpæ
     Cerno domos., dominumque Scaldim.
At tu , meorum prime fodalium
BOLLANDE , falve ! Non tibi frigido
   Infufus amplexu , verenda
     Colla tero. Juvat ufque facro
Hærere vultu ; fidereum juvat
Multoque fetum numine cernere

Pectus , redundantemque pleno
   Ore Deum. Rapit inde Mûfis
Dilecta cervix , & bene pendulo
Attrita multùm pectora barbito
  Sublimis HABBEQUI. O Deorum
    Digne dapes Superûmque cantu ,
Condire nectar , numinis in tui
Sinu reclinem Sarbivium fine
  Duxiffe paullatim beatos
    Carminis eloquiique fontes.
Quis ille vates comminùs obviis
Occurrit ulnis ? Pectora candidi
  Nofco TOLENARI : flagrantes
    Nofco genas , animamque femper
A Dis recentem. Da , Pater , aurea
Arcana magni Numinis hofpitem
  Audire : da grandes bibiffe
    Aure fonos , animique totum
Libare florem. Quis placidas faces
HORTENSIANI nefcius ingeni ?
  Aut quis DIERIXI benignis
    Longè oculis animam eminentem
Suique largam ? Quo fatis HOSCHIUM,
Quo MORTIERI, quo pia WALLII &
  LIBENTIS amplexu coronem
    Pectora ? quo mihi dulcis HESI ?

Heu ! digna prifco nomina feculo ,
Magnafque in ipfis confcia vultibus
   Portare mentes ! quæ fereno
    Dulce micans fedet ore virtus !
Quæ fixa vivæ gratia purpuræ !
Qui candor alti proditor ingeni !
   Salvâque majeftate blandum
    Alloquium , placidique mores !
Fertur refufo Deucalion mari ,
Dum merfa totis fecula promeret
   Terris , renafcentemque jactos
    In lapides animaret orbem ,
Mofæque Scaldifque ad vada nefcius
Informis ruri forte datam retrò
   Jeciffe glebam : quâ repente
    Aurea profiliêre fecla , &
Tersêre gratis nubila vultibus
Irafque. Puræ frontis idoneo
   Rifu remulsêre : & fluentes
    Spontè fuâ pretiofiore
Mores metallo , per Rhodanum , per &
Fudêre Rhenum. Protinus & folum
   Vertêre fraudes ; & remotam
    Invidiæ petiêre Thulen.
Hinc ille Belgis oris & eloqui ,
Cognatus auro , fulgor. in omnia

Se fponte mittens : ah ! maligno
   Ni nova progenies rigeret
Contacta ferro , nec toties fuos
In fæva Reges cœpta reforbeat
   Civilis æftus. Quò perennis ,
     Quò miferos rapit unda belli ?
Efferte vires , arma domeftico
Efferte nido , magnanimum genus ;
   Belgæ leones ; terra tantas
     Quæ genuit , male pafcit iras.
Per veftra fruftra vifcera quæritis
Finem laborum : bella diu ftrepunt ,
   Quæ tertio non rupit hofte
     Barbarici tonitru Gradivi
Avita reftat bufta recentibus
Cingi tropæis : reftat Achaicum ;
   Reftat coronari tricenâ
     Carpathium Ioniumque claffe.
Heu ! quàm patenti naufragum in æquore
Noftri periret dedecus otii !
   Quantumque de noftra videres ,
     Phœbe , cadens orienfque famâ !
Jam tunc Athenis prifca reponeres
Panætianæ regna fcienriæ ,
   BONÆque defacrata MENTI &
     Templa tuis , PUTEANE , Mufis.

Felix & alti, Socrate non minor,
Veri magiſter ! Quæ tibi porticus
  Ferventis undaret juventæ
    Agmine ? Quæ populis theatra ?
Qui te tonantem bella Demoſthenem
Heroës alto peſtore ducerent ?
  Aut quæ Melitæo Sophocles
    Pulpita ſuccuteres cothurno ?
·Tunc me per omnes duceret Ædonas,
Dacoſque, Thracaſque, & Lelegas pium
  Vocis BOELMANNÆ tonitru, &
    Maguiloqui grave fulmen oris.
Quò ſpes inani me rapit aëre,
Et vector ales ? Quicquid id eſt, tamen
  Me vate, mox iras peroſis
    Secla ſluent meliora Belgis.

ODE XXX.

AD QUINTUM ARISTIUM.

Hortatur ad gloriam bellicam.

Sɪc eſt, Ariſti : novimus ardua
Sperare tantùm. Quis juvenum priùs
    Magnum repentino laceſſat
        Carpathium Ioniumque bello ?
Immenſa magnæ tempora Gloriæ,
Anguſta vel ſpe vel facimus metu:
    Votiſque prenſamus futura,
        Non manibus. Sed euntis ævi
Occulta poſtquam nos rapuit fuga,
Bellamus omni conſilio ſenes
    Nullius exempli, & perennem
        Deſidiæ trahimus catenam
Per poſterorum ſecula. Succute,
Ignava bello ſuccute ſecu'a,
    Quicumque plus a Dis honeſti
        Nominis ingeniique ducis.

ODE XXXI.

AD BALTHASAREM MORETUM

Panegyris lyrica.

Musas amantis gloria BELGII,
Et LIPSIANÆ fidus adoreæ,
    MORETE, non tibi pudendo
        Ad citharam veniente faxo

Grandem virenti Scaldis in aggere
Pono columnam; quam neque turbidus
    Aufter, neque remotus refufo
        Subruat Oceanus profundo.

Sed quam recentes cum violis rofæ,
Omnifque circùm copia narium,
    Latè coroneat, aut perennis
        Pampinus ambitiofiore

Irrepat herbâ : quàm procul ardua
Pronis adorent faxa Cerauniis,
    Septemque qui fulcit Triones
        Carpatus, & Rhodope nivalis

Columna cæli. Jam nihil nubibus
Digreffa moles æthera fuccutit ;
    Currufque ftellarum & tonantes

Siftit equos, folitoque major
Intrat trecentis aftra decempedis :
Unde & Latinis celfior Alpibus,
  Canamque Pyrenen, & Afræ
    Defpicias juga celfa Lunæ.

Quæ prima ? vel quæ teftibus ultima
Incido faxis ? Nominis inclyti
  Caligat in portu, & tuarum
    Oceanum pavet ala laudum.

Inufitatis fumma nitent bonis :
Parumque lucet Gloria, quæ fimul
  Illuftrat infignes & imos,
    Et proprio magis igne pulchra eft.

Ignota Thufcis nomina Cæfarum
Squallent fepulcris : quas tulit extimus
  Splendor, verecundis fepultæ
    Noctibus occubuêre laudes.

Et fæpè Famam Livor ab aureis
Detrivit aris. Non Acherontius
  Offundet ingratas, MORETE,
    Invidiæ tibi vefper umbras.

Sed ipfe Livor nominis in tui
Occumbet ortu. Tu Dominus tui
  Divefque, non debes caducæ
    Ludibrium opprobriumque Divæ ;
Ex quo monentis munere LIPSII

Multo fonantem Socrate porticum
  Tiro celebrafti ; perennem
    Doctus emi bene poffe laudem
Impendiofæ merce fcientiæ.
Et ipfe facro plurimus otio
  Palles , & externis amicus
    Ingeniis breve per nepotes
Extendis ævum. Tu tacitam libris
Demis fenectam : fecula Gratiæ ,
  Mufæque & impubes Apollo,, &
    Mercurius tibi debet annos ,
Poftquam diferti flumina feculi
PLANTINIANÆ margine copiæ
  Latè refudifti. Sacrorum
    Cuncta fedet tibi turba vatum :
Omnifque chartæ virginis æquore
Arundo fudat. Uranies tibi
  Nocturna certatim laborant
    Otia , pervigilefque Lunæ.
Nam fi quid udà fluxit arundine ,
Torrentis ævi corripit impetus ,
  Si non recudentis metalli
    Duxit onus , celerefque plumbo
Tardavit alas : dum gracilis liber ,
In certa ductis cornua paginis ,
  Increvit , argutumque chartæ

Sub

Sub gravibus gemuêre prælis
Multo fonandis carmine legibus ,
Ni me Camœnæ Pindaricas vètent
  Tranfire Gades , & vagantém
    Herculeæ moneant columnæ
Cœptam canoro non fine carmine
Finire molem. Sunt alii tibi
  Calles , neque unum concitatis
    Gloria currit iter quadrigis.
Namque & beati nobilis ingeni
Claudis capaci fecula pectore ,
  Herefque Veri : feu quod olim
    Socratici monuêre cœtus ,
Sed quod trienni nunc geminat potens
Stagira circo : plurimus eloqui
  Pennæque felix : nec latere
    Aut humili placuiffe vulgo ,
Sed civis omni nobilium bonus
Nofci fenatu. Te Latii Pater ,
  Qui nunc & Europes recline
    Portat onus dominæque Romæ ,
Doctis clientum cœtibus inferit
URBANUS. Io ! tu placitum pedi
  Jam ftantis infcribo columnæ ,
    PRINCIPIBUS POPULISQUE SIDUS.

H

ODE XXXII.
AD AMICOS.

Se ad sacra studia animum appellere.

VIXI canoris nuper idoneus
Vates Camœnis : jam citharæ vetor
  Sermone defunctumque longo
    Barbiton ingeminare cantu.
Jam feriatâ fistula cum lyrâ
Dependet unco : rumpite tianula
  Vocalis argenti, sodales,
    Fila supervacuósque nervos.
O quæ coruscantûm atria siderum
Servas, & aurei leve perambulas
  Mundi pavimentum, molestæ
    Pelle, Themi, studium Minervæ.

MATTHIÆ CASIMIRI
SARBIEVII
LYRICORUM
LIBER QUARTUS.

ODE I.
AD EQUITES POLONOS.

Cùm montem Carpatum redux ex Italiâ inviseret.

Æterna magnis carmina Carpati
Inscribo saxis. Discite posteri,
    Castisque dicendum puellis
    Et pueris geminate cantum.
Frustra, Poloni, cingimus oppida
Muris, & arces addimus arcibus;

H ij

Delubra fi fqualent , & altis
Cælituum viret herba teâis.
Fruftra caduci fulminis artifex
Moles ab alta turre remugüt ,
Si mœftá refpondere cantu
Templa negant , Superûmque pridem
Sacro ftupefcunt æra filentio.
Quòd fi nec idem fit Superis honos
Templis in lfdem , nec fûb unâ
Lege fuperftitiofioris ,
Per ora vulgi Religio fremat :
Cives iifdem non bene claudimur
Portis , & infelix eumdem
Inftruimur acies in hoftem.
A plebe Numen feparibus malè
Placatur aris. Scimus ut impias
Vaftata Grajorum per urbes
Sacra fuis perière rixis.
Fumant propinquæ templa Bohemiæ :
Concuffa regni vifcera Pannones
Flevère collatis in unam
Viribus incubuiffe ftragem.
Hinc inde lævos defpice Carpato ,
Polone, campos, quos pecorum ferax
Dravufque Savufque , & bicornis
Frugifero fecat Ifter amni.

Quanto careret corpore Thracius
Regni tyrannus ! fi bene mutuas
   Mentes, & obligata Divis
     Barbarus extimuiffet arma.
Atqui timendæ Panno potentiæ
Vallârat altis oppida mœnibus :
   Pontemque dedignatus, omni
     Danubius famularis unda
Cingebat urbes. Sed quid inutili
Poffent fceleftæ præfidio manus ?
   Quas ira non læti Tonantis
     Riferit, indigetefque Divi.
Jam aune Polonis Fata Quiritibus
Edico vates : Dum tibi confona
   Votifque, cantuque, & Sabæo
     Ture calent, precibufque templa,
Omnis recurvo Lechia poplite
Dum, Virgo, primâ, dum mediâ die,
   Dum te falutamus fupremâ,
     Et dubio tibi lucis ortu
Septena coràm flamma Decembribus
Collucet aris ; dum tibi patrium
   Pæana dicit, fupplicefque
     Accumulat pia turba ceras :
Nofter nivofo Viftula Carpato,
Nofterque ab ipfo fonte Boryftenes,
               H iij

Labentur in Pontum , nec Auftrum
Aut Gothicam metuemus Arcton.
Errorne mentes ambiguas rapit ,
An clamor aures? vox gravior cavâ
Refpondit e nube , & ferenùm
Non dubii micuêre Divi.

ODE II.

AD STANISLAUM LUBIENSKI
EPISCOPUM PLOCENSEM REGNI POLONIÆ SENATOREM.

Canit Mufis amicum & patriæ amantem.

Sunt & novarum non vacuæ mihi
Laudum pharetræ. Preme reconditum
    O Mufa , telum. Quem fonore
      Pieridum jaculemur arcu?
Sit meta Præful , cui modò Plocia
Centum Poloni margine Viftulæ
    Eduxit armenta , & Smaragdis
      Grande pedum , Tyrioque vittas
Infcribit oftro. Se pretiofiùs
Plerumque doctæ Palladis artibus

Indulget , & Mufis amicam ,
  Gaudet Honor redimire frontem,
Pulchro ligari foedere geftiunt
Libris tiaræ. Romuleas fuper
  Aras Honori , & dedicatis.

  Tura ferunt eadem Camenis,
Arfiffe quondam : fed vigil ambitus ,
Si poffit , ipfas Cælituum folo
  Permifcet aras , atque ab alto

  Aftra rapit Superofque cælo.
Vefter , Camœnæ , vefter ad inclytas
Stat Præful aras. Vos adamantinam,
  Sparfiftis electro Tiaram ,

  Quà vitreo prètiofus amni
Pingit feracem Narvia Mœfiam :
Vos & bicorni Palladium caput
  Preffiftis auro , & gratulatâ

  Carmina perfonuiftis undâ.
Vos pectus altum confiliis , fimul
Abfterfit atræ nubila patriæ ,
  Mulcetis ; & faftidiofo

  Excipitis reducem Senatu.
Quondam & perenni vivere nobilem
Donaftis ævo , cùm tulit aureos
  Ad aftra mores , atque avaro

   Egregii monitus PSTROKONI
      H iv

Invidit Orco, candidus eloqui,
Verique dives : vos, miferabili
Bellis inhorrefcente Regno,
Confiliis facilique rerum
Firmaftis ufu ; ne popularibus
Fatifcat undis, neu malè pendulis
Dextramque cervicemque rebus
Subtrahat. Ille meis legetur
Pars magna chartis ; feu tenui lyrâ
Dicam Geloni fœderis otia,
Majore feu plectro Lechæi
Arma virumque canam Gradivi.

ODE III.

AD CÆSAREM PAUSILIPIUM,

Regnum fapientis.

LATE minaces horruimus Lechi
Regnare Thracas. Latiùs imperat,
Qui folus, exemtufque vulgo,
Certa fui tenet arma voti.
Imbelle pectus parce fidelibus
Munire parmis. Neu latus afpero

Lorica cinctu, neu decorum
  Arcus amet pharetræque collum.
An Cimber, an te lectus ab ultimis
Pictus Britannis ambiat, an Geta,
  Nil allabores : ipfe miles ;
    Ipfe tibi pugil, ipfe Ductor.
Exile regnum, PAUSILIPI, fumus :
Sed fe obfequentem qui fibi fubdidit,
  Hic grande fecit, fi fuafmet
    Ipfe roget peragatque leges.
Armata Regem non faciet cohors,
Non tincta vulgi purpura fanguine,
  Aut nobili ftellatus auro
    Frontis apex, teretique gemmâ.
Rex eft, profanos qui domuit metûs :
Qui cùm ftat unus, caftra fibi facit ;
  Cafumque Fortunámque pulchro
    Provocat affiduus duello.
Non ille vultum fingit ad improbi
Decreta vulgi : non popularia
  Theatra, non illum tropæa,
    Non volucri movet aura plaufu.
Beatus, a quo non humilem gravis
Fortuna vocem, non tumidam levis
  Expreffit unquam, curiofis
    Dum tacitus premit ora fatis.

                H v

Ad prima fi quis vulnera non gemit,
Solo peregit bella filentio :
   Celare qui novit finiftros,
     Ille poteft benè ferre cafus.
Ille, & caducis fe licet undique
Sufpendat auris Pontus, & in caput
   Unius & flammas, & undam, &
     Vertat agens maria omnia Aufter;
Rerum ruinas, mentis ab arduâ
Sublimis aulâ, non fine gaudio
   Spectabit : & latè ruenti
     Subjiciens fua colla cælo,
Mundum decoro vulnere fulciet :
Interque cæli fragmina, lugubre
   Telluris infiftet fepulcrum, ac
     Incolumis morientis ævi
Heres, ab alto profpiciet magis
Hæc magna quàm fint quæ pedibus premit,
   Quàm quæ relinquet; jam tum Olympi
     Non dubius moriturus hofpes.
Quò cùm volentem fata reduxerint,
Nil intereft, an morbus, an hofticus;
   Impellat enfis, quò fupremum
     Urget iter, femel advehemur
Quam navigamus femper in infulam :
Seu lata magnis ftravimus æquora

Reges cariais : fua Quisites,
  Exiguâ vehimur phaſelo.
Illo beatum margine me meus
Exponat aſſer. Cur ego ſiſtere,
  Æterno reformidem quietus
  Litore, fi peritura linquam?

* * *

ODE IV.

Celebris POLONORUM *de Oſmano Turcarum
Imperatore victoriâ, prælio ad Chocimum Da-
cico, anno* DOMINI M. DC. XXI. VI. *Non.
Septemb. commiſſo parta.*

Galeſi agricolæ Dacici cantus inducitur.

Dives Galeſus, fertilis accola,
Galeſus Iſtri, dum ſua Dacicis
  Fatigat in campis aratra,
    Et galeas clypeoſque paſſim, ac
Magnorum acervos eruit oſſium ;
Vergente ſerum ſole ſub Heſperum,
  Feſſus reſediſſe, & ſolutos
    Non ſolito tenuiſſe cantu

H vj

Fertur juvencos. CARPITE , dum licet,
Dum tuta vobis otia , carpite ,
　Oblita jam vobis vireta
　　Emeriti , mea cura , tauri;
Victor Polonus dum pofità super
Refpirat haftà , fic etiam vigil
　Sævufque. Pro ! quantis , Polone,
　　Moldavici tegis arva campi
Thracum ruinis ! quas ego Biftonum
Hic cerno ftrages ? quanta per avios
　Disjecta latè fcuta colles ?
　　Quæ Geticis vacua arma truncis ?
Hàc acer ibat Sarmata , (Thracibus
Captivus olim nam memini puer.)
　Hic ære fqualentes & auro
　　Concanus explicuit catervas.
Heu quanta vidi prælia ! cum Dacis
Confertus haftis campus , & horridi
　Collata tempeftas Gradivi ,
　　Ambiguis fluitaret armis.
Sufpenfa paulùm fubftitit alitis
Procella ferri ; donec ahenea
　Hinc inde nubes fulphurato
　　Plùrima detonuiffet igni.
Tum verò fignis figna , viris viri ,
Dextræque dextris , & pedibus pedes;

Et tela refpondère telis,
　Et clypeis clypei rotundi.
Non tanta campos grandine verberat
Nivalis Arctos : non fragor Alpium
　Tantus , renitentes ab imo
　　Cùm violens agit Aufter ornos ;
Hinc quantus atque hinc impetus æreo
Defufus imbri. Mifcet opus frequens
　Furorque , Virtufque , & perenni
　　Immoritur brevis ira Famæ.
Diu fupremam nutat in aleam
Fortuna belli. Stat numerofior
　Hinc Beffus , hinc contra Polonus
　　Exiguis metuendus alis.
Sed quid Cydones , aut pavidi Dahæ ,
Mollefque campo cedere Concani ?
　Quid Seres , averfoque pugnax
　　Parthus equo , Cilicumque turmæ
Contra fequacis pectora Sarmatæ
Poffent fugaces ? Hinc ruit impiger
　Polonus , hinc Lithanus ; atro
　　Quale duplex ruit axe fulmen.
Aut qualis alto fe geminus jugo
Devolvit amnis , raptaque cum fuis
　Armenta filvis , atque aperto
　　Præcipitat nemora alta campo.

Heu quale fævus fulminat æneo
Boruffus igni ! Non ego Livonum
 Pugnas , & inconfulta vitæ
  Tranfierim tua , Ruffe , figna.
Vobis fugaces vidi ego Biftonum
Errare lunas , fignaque barbaris
 Derepta vexillis , & actam
  Retro equitum peditumque nubem;
Virtute pugnant, non numero viri :
Et una filvam fæpiùs eruit
 Bipennis , & paucæ fequuntur
  Innumeras aquilæ columbas.
Heu quæ jacentûm ftrata cadaverum !
Qualemque vobis Ædonii fugâ
 Campum retexêre ! Hic Polonam
  Mordet adhuc Othomannus haftam:
Hic fufus Æmon ! hic Arabum manus
Confixa telis : hic Caracas jacet
 Conopeis fubter Lechorum ,
  Non benè pollicitus minaci
Cœnam Tyranno. Spes nimias Deus
Plerumque fœdos duxit ad exitus :
 Ridetque gaudentem fuperbum
  Immodicis dare vela votis.
Quò me canentem digna trahunt equis
Non arma tauris ? Siftite barbara.

Non hæc inurbani, Camœnæ,
    Bella decet memorare buxo,
Majore quondam quæ recinent tubâ
Seri nepotes; & mea jam suis
    Aratra cum bubus reverti
        Præcipiti monet axe Vesper.

ODE V.

PARODIA.

Ex JOANNIS KOCHANOVII *poëtarum polano-*
rum principis Libri II. Ode XXIV:

'Cùm Scythæ citeriorem Podoliam inopinatâ
    invasissent, populariter decantata.

Æterna labes, nec reparabile,
Polone, damnum, Podoliam Getæ
    Impunè vastare, & dolendas
        Ponè Tyram numerare prædas,
Eheu pudendum! Threicii canes
Egère præ se non popularium
    Armenta damarum, paternis
        Non iterum reditura lustris.

Pars impudicis vendita Thracibus :
Pars Tauritanos juſſa ſequi Scythas,
Eheu ! Gelonorum Polonis
    Strata canum caluêre nuptis !
Manus latronum ruris & oppidi
Ignara, noſtras irruit (heu pudor !)
    Urbes, quibus pellita raptas
        Plauſtra vehunt, revehuntque gazas.
Neglecta quondam ſic pecorum lupi
Armenta vaſtant ; quæ neque pervigil
    Servat Magiſter , nec fideli
        Cura canum comitata greſſu.
Quantùm Gelono pectoris addimus,
Si verſa turpi terga damus Scythæ ,
    Jam pænè laturo probroſas
        Civibus Imperioque leges !
Heu rumpe ſomnos , & vigiles age ,
Polone , curas , nec revocabili
    Diffide Fortunæ , aut fugaci
        Anteveni tua fata tergo.
Tibi refuſo , nunc age , ſanguine
Pulchri Gelonus nominis eluat .
    Labem , & colonorum cruentis
        Damna riget lacrymoſa rivis.
Surgemus ? An nos diſtinet aurea
Menſæ ſupellex ? quos monet (heu dolor !)

Hæc menfa convivas ? is auro
 Nempe bibat , cui dulce ferrum eft.
Nervum recufis in pretium fcyphis
Bello paremus. Quæ malè per vias
 Sparfit platearum , tuendis
  Hæc eadem neget arca muris ?
Hæc munerati nos potioribus
Servemus aufis. Pectora non priùs
 .Quàm vulnerantur fcuta : fruftra
  Exanimem tegit umbo dextram.
Me prifca lactat fabula , Crefcere
Per ipfa Lechum damna. Sed heu ! recens
 Ne me refellat Fama , Lechum
  Damna fuis cumulare damnis.

ODE VI.

PALINODIA

Ad Parodiam JOANNIS KOCHANOWII.

Cùm victoria de Turcis parta renuntiaretur, ac paulò post STANISLAUS KONIECPOLIUS *exercituum regni Poloniarum ductor campestris Scythas prosperis præliis fudisset.*

ÆTERNA laudum, nec violabilis
Polone, merces : sanguine Concanos
   Pacem redemisse, & revictam
     Uno Asiam Libyamque bello.
Extrema latè quà rigido subest
Europa cælo, cornua fregimus
   Lunæ, cui lustrat subactas
     Sol oriens morienfque terras.
Io triumphe ! Lechiadæ Duces
Egère præ se signa fugacium
   Latè Gelonorum, Polonis
     Non iterum reditura campis.
Pars jussa pacis vivere legibus,

Pars fœderatâ cedere Daciâ.
  Io ! corallorum Polonis
    Signa ducum micuêre templis.
Gens quæ nivali devia Caucafo ,
Undafque terrafque , & dubium manu
  Concuffit orbem ; non decoro
    Anteiit fua fata tergo.
Nocturna quondam fic humili meant
Sub antra greffu degeneres lupi ,
  Si quando venantûm tumultu
    Avia perfonuêre luftra.
Quantum cruenti pectoris & Gotho
Dememus hofti , qui modò Livonum
  Terras repentinâque cinctam
    Terruit obfidione Rigam !
Sed ne fecundis , heu ! nimium pii
Credamus armis : fæpe fuum levis
  Fortuna victorem reliquit ,
    Et medios fecuit triumphos.
Contemtus hoftis. Sic Lacedæmonum ,
Sic bellicofi mœnia Romuli
  Crevêre contemtu , & perennes
    Gentilibus impofuêre frenos.
Dat ira vires , quæ tumido dolet
Ab hofte temni : funt & inermibus
  Iræ columbis , funt echinis ,

Sunt apibus fua tela parvis.
Hic ipfe qui nunc improbus æreas
Tutùm fluenti Danubio Getes
    Neſtit catenas, cùm fecundis
    Podoliam populatus armis,
Spernet Lecheæ robora dexteræ ;
Me vate, tinget facrilegâ Lechos
    Cervice mucrones. Potenti
    Sic Nemefi, placitumque fatis.

ODE VII.

AD CÆSAREM PAUSILIPIUM

Divi Davidis regis & vatis lyricæ poëfi Latinam
non eſſe parem.

Jessæa quifquis reddere carmina
Audet Latini peſtine barbiti,
    Audet redordiri fuperbæ
    Turrigeras Babylonis arces.
Quantus Poloni e vertice Carpati,
Ruptis inundat Viſtula fontibus ;
    Se fert ; inexhauſtufque tanto
    Ifacius ruit ore vates.

Utcumque Paftor duxit in avias
Armenta valles , aut gelido fuper
 Jordane , mufcofæque Bethles ,
  Aut liquidis Acaronis undis :
Dulci renarrat carmine melleis
Manaffe retro fecla liquoribus ,
 Vinique rivos , & vetuftas
  Lacte novo trepidaffe ripas.
Seu fortè miles belligeras lyrà
Tranffumit haftas , & Superûm pio
 Scutumque loricamque Regi
  Induitur , femorique magnum
Appendit enfem , qui malè pallida
Urat minaci fidera fulgure ,
 Urbefque regefque , & tremendo
  Regna metat populofque ferro.
Seu Chriftianis grande nepotibus
Evolvit ævum , five adamantinis
 Decreta cæli fixa valvis ;
  Sive hominum Superumque Patrem
Stellante mundi fiftit in atrio ,
Cùm torvus alti nube fupercili
 Dijudicandorum fupremus
  Concilio ftetit in Deorum.
Illi & propinquus Terror in aureo ,
Et Fas , & Æqui ftrenua Veritas ,

Et Candor, affedère fcamno,
Et liquidæ fine nube Leges.
Quis ducat æquo peĉtine futilem
Et luce pallam? Quis fub ianthini
Tentorio cæli fedentem?
Quis rutilis diadema dicat
Crinale ftellis? Quis memoret Deum
Latè trahentem fyrma per aureum
Mundi pavimentum, fequaci
Sidera conglomerare limbo?
At quantus inter Niliacas chelyn
Intendit undas, cùm reducem Pharo
Mofen, Erythræifque ducit
Ifacidum pia caftra lymphis?
Hinc ruptus atque hinc artifici lyrâ
Pontus rigenti diffiluit freto, &
Circùm pependerunt euntes
Marmoreis maria alta muris.
Vidère ftratis te, Deus, æquora
Vidère tonfis, & liquido pede
Fugère: porreĉtas in altum
Ipfe Timor glaciavit undas,
Et ftare juffit. Non humili fono
Terrafque & iĉtos increpuit polos
Armatus æther: hinc rubenti
Fulgura diffiluère rimâ:

Interque crebræ verbera grandinis,
Undafque, flammafque, & trepidantium
  Duella ventorum, fuperbi
    Frenigeras Pharaonis alas,
Currufque, & haftas, fanguineum mare
Jam non inani nomine proruit
  Latè fuperfufum : cruentos
    Servat adhuc memor unda fulcos.
Tum verò victor quadrijugas fuper
Sublimis auras fe Deus extulit,
  Longèque frenatis tetendit
    Sacra Notis Zephyrifque lora.
At læta circùm flumina vitreis
Plaufêre palmis, & velut arietes
  Succuffa certatim fupinis
    Culmina fubfilière filvis.
Hæc nos nec olim Sarmaticâ rudes
Aufi Camenâ : nec modò Dardanas
  Culti per artes, fortiore,
    PAUSILIPI, recinemus œftro,
Satis daturi, fi Salomonia
Utcumque lenes tendere barbita,
  Caftam Sunamitim, & pudicos
    Carmine folicitamus ignes.

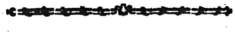

ODE VIII.

LAUS DANTISCI.

Memoratur insignis Dantiscanorum de classe
Teutonicâ victoria , & fides erga Poloniæ
Regnum collaudatur.

Quæ puppis , aut quis Pegasus ultimas
Tibi dicatum carmen in insulas
  Portabit ? o sidus Borussæ
    Gentis , Hyperboreique latè
Regina cæli, quæ vitrei super
Sedisse felix margine Vistulæ ,
  Terrasque liquentesque circùm
    Oceani speculata campos ,
Injecta septem frena Trionibus
Doctâ relaxas & cohibes manu,
  Utrimque pollens , sive tellus ,
    Sive tuas tremat unda leges.
Gazas tuorum non ego civium
Canam profanus : non ego turribus
  Balthim coronari , & trecentas
    Portubus advigilare proras :

Non

Non, quòd Britannos naviget, aut tuus
Eoa remus verberet æquora :
  Non quòd tuis Ormusianæ
    Mercibus infremuêre ripæ.
Non, aut propinquas digna palatia
Æquare nubes, aut Superûm canam
  Delubra, non imaginosis
    Atria conspicienda ceris.
Olim revictos consilio dolos
Dicam Plaveni. Cetera distuli
  Nondum ausus Amphion perennes
    Cantibus ædificare muros.
Humana quicquid composuit manus,
Humana rursus disjicet : jacet
  Ingens Alexandria, & altæ
    Mœnia procubuêre Romæ.
Natura cassos subruit æmulæ
Artis labores. Heu malè providi !
  Casura mortales in altum
    Exstruimus colimusque, iisdem
Mox obruendi. Troja premit Phrygas,
Graios Mycenæ : sola Fides super
  Turrita, terrarum sepulcra
    Evehit ; & jacuisse gaudet,
Quicquid caduco condidit omine
Non sola Virtus. Oppida Civium

I

Virtus tuetur, non ahena
  Clauftra, Semiramiæve turres:
Non fulphuratis feta tonitribus
Tormenta, non arx claufa decemplicis
  Errore muri; fola diros
    Urbe Fides prohibebit hoftes.

Hac arte lato Teutonas æquore,
Urbs magna, fundis, quam neque callidum
  Perrupit aurum, nec dolofi
    Munera blanditiæque belli.

Nam Fas, & Æqui prifca Severitas;
Simul potentûm limina civium
  Munivit: & dona & repulfos
    Arma retro retulêre greffus.

Mœftum locuto jam redeuntibus
Signis magiftro; nunc ego (pro pudor!)
  Ferar per Europen celebris
    Fabula dedecoraffe facri

Leges Gradivi, & degenerem dolo
Armaffe dextram. Non ego (pro dolor!)
  Ferro Borufforum nec auro
    Dedecores animos probavi;

Utrimque fœdus. Claffis in ultimam
Disjecta Thulen, & profugæ rates
  Heu turpe! vulgabunt Plaveni
    Opprobrium: vice plus quaterâ

Tentata noftris mœnia claffibus
Stetiffe, & auri muneribus meas
  Ferrum regeffiffe in carinas,
    Non iterùm reditura dona.

Quem fœderatis nunc ego nuntium
Mittam Sicambris ? quos ego Teutonum
  Faftis recenfebo triumphos ?
    Quæ patriis fpolia ampla fanis ?

Fruftra pudendis fama fuperftitem
Narrat ruinis. O ego naufragus
  Periffe dicar, donec alter
    Me melior pavido triumphus

Excufet orbi : fi tamen hoc quoque
Fortuna verfâ jam negat orbitâ,
  Me vera non falfo probrofum
    Naufragio Libitina condat.

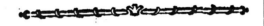

ODE IX.
AD ROMAM.

Eam bonarum artium nutricem esse.

Secunda cælo Roma, perennia
Quam jura dantem quadrijugo vehit
  Hinc Africa Europeque supplex,
    Inde Asia Americeque curru,
Olim cruentis non sine præliis
Frenare terras aspera, nunc potens
  Pacis sacramento quietæ
    Belligeras cohibere gentes.
Nec omne terram prospicit undique
Cælum, nec omnis parturit omnia
  Tellus, & in magnis relucet
    Discolor ingeniis venustas.
Te mite cælum, te Genius loci,
Et quæ bonorum copia plurimo
  Se fundit e cornu, colendis
    Moribus ingenioque blandam
Fecère matrem. Non tibi nubilæ
Mentes : sed album quæ generosiùs
  I

Bibère folem, funt aperto
Pectora candidiora cælo :
Verique pugnax, & nivei vigil
Pubes Honefti : fulgurat indoles
  Vultuque, cultuque, & fideli
    Non dubius fedet ore Candor.
Sunt & benignæ quæ bona pectoris
Ornant Camenæ. Non veteres ego
  Vates, & ignotos amico
    Carmine folicitabo manes.
Teftis mearum vivida BENCII
Thalia laudum : teftis amœnior
  Argenteis GALLUTIORUM
    Barbitos infonuiffe nervis.
Teftis feroci qui premit impetu
Papiniani prælia pectinis
  DONATUS : heu teftis Tragœdi
    Poftuma Calliope STEPHONI,
Divefque STRADÆ cultus, & integer
GUINISIANUS candor, & aurei
  Lepos PETRUCI, aut qui Latino
    Dulce fluit GODEFRIDUS ore.
Quanquam nec armis defit idonea
Campoque pubes : & tibi Thracium
  Depræliaturos Tyrannum
    Magnanimos, Latium, nepotes

Cultuque & almis educat artibus ;
Qui regna Cypri, qui Rhodon afferant
  Armis, Palæstinofque colles,
    Et Solymi juga paricidæ.
Vidi Latinas, vidi ego, ludicro
Latè phalangas fervere prælio,
  Primi rudimentum Gradivi,
    Dum LigurumAllobrogumque quondam
URBANUS acres non fine numine
Componit iras, cùm fera militum
  Ferrara visinum quietis
    Eridanum monet effe ripis.
Heu quanta bello robera ! non mihi
Indictus olim vixeris, altiùs
  TORQUATE fraternâ fonari
    Digne lyrâ, comitum propago
TORQUATE Regum. Te Latiis gravem
Bohemus armis, te validum leves
  Senfere Daci : tu peremti
    Non humilis focius BUQUOI,
Tunc Vaticano primus in agmine
Pugnam docebas : qualis adhuc rudem
  Chiron Achillem, qualis alto
    Æmona Protefilaus Hæmo.
Dicent COLUMNAS qui gravieribus
Dicent Camenis edomitum mare, &.

Opima Naupacti tropæa, &
Aufonio pia bella ponto.
Non & fonandus non geminus pari
URSINUS œftro? fed benè. credidit
Imbella plectrum, non pharetram,
Aut habilem mihi Phœbus arcum.

ODE X.

AD Q. DELLIUM.

Non tam populari exemplo, quàm potiùs rationis
ductu vitam effe inftituendam.

DELLI, fi populo duce
Vitæ degenerem carpimus orbitam,
Erramus; procul arduis
Virtus fe nimiûm fepofuit jugis.
Illuc quò viâ tritior,
Hoc eft certa minùs. Longius invalli
Error nectitur ordine;
Et mores populum, non ratio trahit.
Cafu vivitur, & viam
Non metam præmimus, quâ præunium
Per veftigia civium

I iv

Infanæ ſtrepitus plebis, & improbæ
Voces invidiæ vocant.
Exemplis trahimur, & trahimus retro:
Soli nemo ſibi eſt malus.
Nulli vita ſua eſt : dum vaga poſtero
Turbam turba premit gradu,
Sunt primi exitio ſæpè ſequentibus.
Me Parnaſſus & integer
Plebeiis Helicon cœtibus eripit
Sublimem : unde vagantium
Errores animorum, & malè deſidis
Vulgi damna patent. Juvat
Ex alto intrepidum colle jacentia
Deſpectare pericula, &
Cautum non propriis vivere caſibus.

ODE XI.

AD SIGISMUNDUM LÆTUM.

*Gloriæ inanis deſpicientiam & ſilentium
commendat.*

Læte, quid caſſis ſequimur fugacem
Gloriam telis à fugit illa Mauri
More vel Parthi, regeritque ab ipſo

Vulnera tergo.

Hofpes unius negat effe tecti
Garrulus vulgi favor : hic inani
Aure rumores legit, inde veris
  Falfá remifcet.

Hic velut nidum pofiturus hæfit:
Mox ubi vano vacuum tumultu
Pectus illufit, tacitis in altum
  Subfilit alis.

Vera laus fciri fugit. Ipfe pulcher
Se fua Titan prohibet videri
Luce : qui totus potuit latere ,
  Major habetur.

Qui premit facram taciturnitate
Pectoris gazam, benè non filenti
Tutus in vulgo, benè fufpicaci
  Regnat in aula.

Præterit mutas bene cymba ripas;
Quæ fimul raucis ftrepuère faxis ,
In latus cautam fapiens memento a-
  vertere proram.

ODE XII.
AD JANUM LIBINIUM;

Solitudinem suam excusat.

QUID me latentem sub tenui lare
Dudum moretur, cùm mihi civium
   Amica certatim patescant
    Atria, sæpe rogas LIBINI.

Me plenus, extra quid cupiam? meo
In memetipsum clausus ab ostio,
   In se recedentis reviso
    Scenam animi, vacuumque lustro

Vitæ theatrum : solicitus mei
Spectator, an, quæ fabula prodii,
   Matura procedam, & supremo
    Numinis excipienda plausu.

Omnes recenset lumen, & approbat
Vel culpat actus : quo mea judice
   Si scena non lævè peracta est,
    Sim populo sine teste felix.

Odi loquacis compita Gloriæ
Plebeia : quàm cùm Fama faventibus

Exanit manis , sæpe misso
 Invidiæ stimulata telo ,
Aut invidentûm territa vocibus
Parùm obstinatis & male fortibus
 Dimittit alisl lili nudam
 Plangit hmmpm , moerosque faxit
Affligit artus. Ma mobile tegat
Privata Virtus , & popularis
 Nunquam volituram per óra
 Celet iners sine laude tectum.
Semota laudem si meruit , vetat
Audire Virtus, Tuclis invidi
 Longinqua mittimur : propinquis
 Lævus amat comes ire Livor.

O D E XIII.

AD CÆSAREM PAUSILIPIUM.

Adversâ constanti animo ferenda esse.

SI quæ flent mala , lugubres
Auferrent oculi , Sidoniis ego
 Mercarer bene lacrymas

Gemmis , aut teretum merce monilium,
  At , ceu rore feges viret ,
Sic crefcunt riguis triftia fletibus.
  Urget lacryma lactymam ;
Fecundufque fui fe numerat Dolor.
  Quem Fortuna femel virum
Udo degenerem lumine viderit ,
  Illum fæpe ferit. Mala
Terrentur tacito Fata filentio.
  Ne te , ne tua fleveris
Quæ tu , care, vocas, PAUSILIPI , mala,
  Quam pellunt lacrymæ , fovent
Sortem : dura negant cedere mollibus.
  Siccas fi videat genas ,
Dura cedet hebes Sors Patientiæ.

ODE XIV.

AD CRISPUM LÆVINIUM.

Rogatus cur sæpè per viam caneret, respondet.

Cum meam nullis humeros onustus
Sarcinis tecum patriam reviso
Lætus, & parvo mihi cùmque dives
    Canto viator ;
Tu siles mœstùm : tibi Cura Musas
Demit, & multi grave pondus auri,
Quæque te quondam malefida rerum
    Turba relinquet.
Dives est qui nil habet ; illa tantùm
Quæ potest certâ retinere dextrâ ;
Seque fert secum, vaga quò migrare
    Jussit egestas.
Quid mihi, qui nil cupiam, deesse
Possit ? umbrosi placet una Pindi
Vallis. Q sacrum nemus ! o jocosæ
    Rura Camenæ !
Quæ meos poscet via, cumque gressus ;
Delphici mecum, mea regna, colles,

Itis, & feſſum comitante circum-
fiſtitis umbrâ.
Me Gothus ſævis religet catenis,
Me Scythes captum rapiat, ſolutâ
Mente vobiſcum poteſt tremendos
Viſere Reges.

ODE XV.

AD MUNATIUM.

Nihil in rebus humanis non tædio plenum eſſe.

Nil eſt, MUNATI, nil, iterum caism,
Mortale nil eſt, immedicabilis
Immune tædi. Clarus olim
Sol præaviſ atavifque · nobis
Parùm ſalubris; nec maculâ reus
Damnatur unâ. Quicquid in ardbo
Immortale mortales Olympo
Vidimus, invidiæ caducâ
Fuſcamus umbrâ. Non placet incolis
Qui Sol avitis exoritur jugis,
Aut priſca quæ dudum paternam
Luna feris radiis feneſtram.

Cælo quotannis, & patriis leves
Migramus arvis : hunc tepidæ vocant
 Brumæ Batavorum ; huic aprici
  Aufoniæ placuêre foles.
Fruftra : fideles fi dominum retrø
Morbi fequuntur , nec tacitus Dolor
 Abfiftit , aut Veiente curru ,
  Aut Venetâ comes ire cymbâ.
Tandemqua nobis exfulibus placent
Relicta. Certam cui pofuit domum
 Virtus, huic nufquam paternæ
  Fumus. erit lacrymofus aulæ,
Virtus agrefti dives in otio
Sefe ipfa claudit finibus in fuis
 Plerumque , & infonti quietum
  In paleâ folium reclinat.

ODE XVI.

AD EQUITES POLONOS.

Illos quàm maximè campeſtribus præliis idoneos
eſſe.

Nɛc Lechus, neque Lechicis
Proles ille fuit nata nepotibus,
   Primus qui docuit ſuis
Urbes Sarmatiæ fidere machinis.

   Campeſtres benè Sarmatæ
Campo bella gerunt : ſub Jove libero
   Natam militis indolem
Fruſtra belligero clauditis otio.

   Arctis oppida mœnibus
Virtutem cohibent, dum malè fortibus
   Addunt conſiliis moram, &
Creſcentes hebetant Martis adoreas.

   Sic non vincimus, ut diu
Vincamur miſeri, ni vetet exteri
   Campeſtris manus auxilî
Hoſtem quaſſa diu cingere mœnia,

   Aut vis vivida civium,
Rumpentis nebulam more tonitrui,

Clanfo proruat oppido
Et murum folido pectore fuppleat.
  Agreftes melius feræ,
Quarum non vacuis jurgia fub jugis,
  Sed plano generofior
Campo pugna calet. Prodit inertibus
  Antris impavidus leo,
Hoftem confpicuis fternere collibus.
  Aër ingenuis patet
In pugnas aquilis. Mollibus evolat
  Nidis, cùm violentior
Vifis accipiter pugnat oloribus.
  Quid nos picta leonibus
Fruftra parma tegit? Cur Jovis alitem,
  Aut cur accipitrem cavo
Geftemus clypeo, fi malè Martiæ
  Refpondet nota dexteræ,
Nec pulfo refonat gloria pectori?
  Quòd fi non vacuum genus
Jactamus timidi: cur fugimus facrum
  Immifcere periculis,
Cælo tefte, caput, non fine ftemmate?
  Magno magna ruant loco,
Aut vincant. Videat fol melius mori
  Quos nafci benè viderat,
Et laudis fpatium mors habeat fuæ.

Hac virtute Chaber vagum
Sub confanguineæ jura Poloniæ
  Juffit ire Boryfthenem
Captivique fuper marginibus Salæ,
  Et Silefidos Oderæ,
Metas imperio fixit aheneas,
  Quà certo pede Gloriam
Stantem non ftabilis præflueret liquor.
  Nos fœdam Lare patrio
Ætatem tegimus, foliciti parùm,
  Quàm vicinus aret Gothus,
Vel quàm frugiferæ rura Podoliæ
  Creber diripiat Scythes;
At non & madidi fub jubar Hefperi
  Inter pocula nefcii
Noctem fanguineo ducere jurgio.
  Quòd fi prima fenes hiems
Admovit tepido cum pueris foco,
  Patrum dicere prælia,
Haufto non humiles hiftorici mero,
  Fecundam fcelerum pii
Ætatem querimur, quàm nova pofterùm
  Inter pocula liberis
Flemus, quæ miferi fecula fecimus.

ODE XVII.

AD VIOLAM.

Kalendis Maii quotannis Pueri JESU *caput*
coronaturus.

AURORA veris , punicei recens
Regina campi , cinge mei , precor ,
  Frontem Puelli. Cur fub auro
    Parvulus heu ! gravibufque gemmis ,
Aut fub prementis fidere purpuræ
Laboret ? o cui pauperies mei
  Regnum dicavit, necte fertum ,
    Necte meo diadema Regi.
Parvo coronat munere fe Deus
Plerumque , fi quæ paupere dat manu
  Dives voluntas : dona magnis
    Parva animo placuere magno.

ODE XVIII.
AD ROSAM.

Quotannis Kalendis Junii D. Virginis caput
coronaturus.

SIDERUM facros imitata vultus
Quid lates dudum , rofa ? delicatum
Effer e terris caput , o tepentis
    Filia cæli.
Jam tibi nubes fugiunt aquofæ ,
Quas fugant albis Zephyri quadrigis :
Jam tibi mulcet Boream jocantis
    Aura Favoni.
Surge : qui natam deceant capilli ,
Mitte fcitari : nihil heu profanæ
Debeas fronti, nimium feveri
    Stemma pudoris.
Parce plebeios redimire crines.
Te decent aræ : tibi colligenda
Virginis latè coma per fequaces
    Fluctuat auras.

ODE XIX.

AD JESUM OPT. MAX.

EX SACRO SALOMONIS EPITHALAMIO.

Indica mihi quem diligit anima mea , ubi
pafcas , ubi cubes in meridie.

Dicebas abiens ; Sponfa vale , fimul
Vicifti liquidis nubila paffibus.
    Longam ducis , JESU,
      In defideriis moram.
Ardet jam medio fumma dies polo :
Jam parcit fegeti meffor ; & algidas
    Paftor cum grege valles ,
      Et pictæ volucres petunt.
At te quæ tacitis diftinet otiis ,
O JESU , regio ? quis mihi te locus
    Cæcis invidet umbris ,
      Aut fpifsâ nemorum comâ ?
Scirem , quo jaceas cefpite languidus !
Quis ventus gracili præflet anhelitu !
    Quis rivus tibi grato
      Somnum prætereat fono !

Ah ! ne te nimio murmure fufcitent ,
Noftræ diluerent flumina lacrymæ ,
Et fufpiria crudis
Mifcerentur Etefiis.

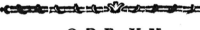

ODE XX.

AD DIVAM VIRGINEM.

CARMEN VOTIVUM.

Regina terris non humili Deum
Enixa partu , cui vigiles comam
Flammæ coronavère , & albo
Sidera circumière gyro ;
Utcumque viles refpicis aureâ
E nube terras , lenior excipe.
Non ante teftudo locutis
Quæ mea cûmque fonat Camenis.
Me torva circùm mugiat horrido
Malea ponto : me fera forbeat
Charybdis ; enantem per ipfas
Eripiet tua dextra mortes.
Importuofi feu jubar æquoris
Audire gaudes , feu Pelagi Pharos ,

Seu certa tu mavis vocari
  Ambiguis Cynofura nautis :
Seu navis olim credita naufragum
Servaffe feclùm ; cùm fcelerum Pater
  Ultor fuperfufo Gigantum
    Obrueret genus omne cælo.
Me peftilenti Sirius hálitu
Afflet, caducum tu benè proteges
  Umbrâ clientem ; feu comanti
    Dulcè vires terebinthus auro ,
Seu celfa gaudes Cedrus in arduo
Nutare Sina , feu Libano fuper
  Cupreffus , aut latè Cadanis
    Populus afpicienda campis.
Dicam & minoris carmine barbiti
Inter feveras nòbile Lilium
  Florere fpinas , & comantem
    Flore Deo tremuiffe virgam.
Cingat frementûm me globus hoftium ,
Dicère denfo Exercitus agmine
  Alas , & æqualem reductis
    Cornibus explicuiffe campum.
Dicère virgo Turris , eburnea
Dicère Turris , quam nec aheneus
  Perrumpat imber , nec ruinam
    Flamma gravi meditata plumbo.

Quòd ſi canoro carminis alite
Indis morantem Muſa cubilibus
   Hortetur exire , & nigrantes
     Luce novà reparare terras :
Non & benignis reſpuis auribus
Aurora dici. Surgis & integro
   Nunc Luna vultu , nunc Eoo
     Cynthius inveheris triumpho.
Quocumque gaudes nomine , me tuum
Tuêre , Mater , ſi mihi per tuas ,
   O Virgo , non immunis aras
     Mica ſalit , Cilicesque nimbi.
Hìc Vaticanis non ſine laureis
Appendo functum carmine barbitum , &
   Olim Polonorum tropæa
     Solicitam cecinisse buxum.

ODE XXI.

ODE XXI.

EX SACRO SALOMONIS EPITHALAMIO.

En dilectus meus loquitur mihi : Surge , propera ;
Amica mea , columba mea , formosa mea , &
veni. Jam enim hiems transiit : imber abiit &
recessit. Flores apparuerunt in terra nostra :
tempus putationis advenit. Vox turturis au-
dita est in terra nostra : ficus protulit grossos
suos : vineæ florentes dederunt odorem suum.
Surge , Amica mea , speciosa mea , & veni.

Fallor? an Elysii lævâ de parte Sereni
    Me mea vita vocat?
Surge, Soror, pulchris innectito lora columbis,
    Pulchrior ipsa super
Scande rotas, Libanique levem de vertice currum:
    Has, age, flecte domos.
Ad tua decidui fugiunt vestigia nimbi.
    Turbidus imber abit.
Ipsa sub innocuis mitescunt flumina plantis:
    Ipsa virescit hiems.

K

Interea facris aperit fe fcena viretis,
    Sub pedibufque tibi
Altera floret humus, alterque vagantia latè
    Sidera pafcit ager.
Hic etiàm trepidi pendent e rupibus hædi,
    Præcipitefque capræ,
Hinnuleique fuis, paffim dum flumina tranant,
    Luxuriantur aquis.
It leo cum pardo viridis de colle Saniri;
    Mitis uterque regi,
Cumque fuo paffim ludunt in montibus agno
    Exfuperantque juga.
Plurimus hos circum tacito pede labitur amnis,
    Pumicibufque cavis
Per violas lapfæ, per declives hyacinthos,
    Exfpatiantur aquæ.
Lenè fluunt rivi: mufcofis lenè fufurrus
    Murmurat e fcopulis.
In vitreo pifces faliunt hilares cryftallo;
    Dulcè queruntur aves.
Nec verò, fi mæfta placent folatia, cælo
    Flebile murmur abeft:
Nam fibi dum veftro regemunt ex orbe palumbes,
    Huc fonus ille venit.
Sic dum fe viduo folatur carmine turtur
    Gaudia noftra placent.

Cetera non defunt. Pronis vindemia pendet
    Officiofa botris.
Hic etiam vulgò violas , albentia vulgò
    Ungue liguftra leges.
Ipfa tibi , leti fuccos oblita priores ,
    Mitia poma cadent.
Ipfæ maturâ labentur ab arbore ficus ,
    Percutientque finum.
Interea falcem vindemia nefcit , aratrum
    Saucia nefcit humus.
Ipfæ fponte virent fegetes : innoxius ipfe
    Meffibus albet ager.
Præbent hofpitium platani : præbet formofos
    Graminis herba toros.
Cædua Panchæos fudant opobalfama nimbos ,
    Et genialis odor.
Afpirat quoties , nutantibus hinc atque illinc
    Ingruit aura comis.
Surge : quid indignos ducis per tædia foles ?
    Surge , age , cara foror.
Ecce tuis ipfæ jam circum frena columbæ
    Ingemuêre moris.
Huc age , formofas formofior ipfa columbas
    Hofpita flecte foror.

ODE XXII.

AD VIRGINEM MATREM.

Quasi Aurora consurgens : pulchra ut Luna ;
electa ut Sol, terribilis ut castrorum acies
ordinata.

QUANDO te dulci sine prole solam
Miror, Eoo reducem cubili
Miror Auroram, croceo rigantem
    Æthera nimbo.
Mater at nato simul astitisti,
Integram miror radiare Lunam,
Ora debentem, radiosque & almo
    Lumina Soli.
Cinge maternis puerum lacertis :
Sol eris, vel quæ vigil explicatis
Siderum turmis Acies tonantem
    Circumit aulam.

ODE XXIII.
AD CICADAM.

O quæ populeâ fumma fedens comâ,
Cæli roriferis ebria lacrymis,
    Et te voce, CICADA,
      Et mutum recreas nemus.

Poft longas hiemes, dum nimiùm brevis
Æftas fe lenibus præcipitat rotis,
    Feftinos, age, lento
      Soles excipe jurgio.

Ut fe quæque dies attulit optima,
Sic fe quæque rapit : nulla fuit fatis
    Unquam longa voluptas :
      Longus fæpius èft dolor.

ODE XXIV.

AD D. VIRGINEM MATREM.

Pæan militaris POLONORUM *, quem Divus*
ADALBERTUS *Archiepiscopus Gnesnensis*
POLONORUM *apostolus & martyr con-*
scripsit , regnoque POLONIARUM *testa-*
mento legavit.

Poloni , acie explicatâ , manum cum hoste colla-
turi populariter decantant. Petrus Skarga olim
SIGISMUNDI III. *Polonorum regis theo-*
logus in Vitæ D. ADALBERTI *recensuit*
& explicuit. Auctor ex Polonico carmine in
Latinum vertit.

DIVA per latas celebrata terras
Cælibi Numen genuisse partu ,
Mater & Virgo , genialis olim
      Libera noxæ :
Dulcè ridentem populis Puellum
Prome formosis , bona Mater , ulnis.

Expiaturum populos manu de-
      mitte Puellum.
Apta dum noftris venit hora votis,
Supplices audi, meliore mentes
Erudi voto ! fociâ Puellum
      Voce precamur.
Integram nobis fine labe vitam,
Profperam nobis fine clade mortem,
CHRISTE; ftellatafque MARIA Divûm
      Annue fedes.
Numinis natam tibi crede prolem,
Qui pius credi cupis ! Ille multis
Preffus ærumnis populos ab imo
      Eruit Orco.
Ille non unquam pereuntis ævi
Scripfit heredes ; & inobfequentis
Præfidem leti cohibet feveræ
      Lege catenæ :
Aufus indignum tolerare letum,
Sontis Adami memor. Ille necdum
Prævius duftor penetrarat alti
      Limina cæli,
Donec informi Deus e fepulcro
Prodiit victor : bene jam fupremo
Affides, Adam, folio perennis
      Hofpes Olympi.

                K iv

Nos tuam plebem fobolemque fanctis
Adleges campis, ubi regna Divûm
Gaudii torrens & inundat almâ
    Flumen amoris.

Saucium nobis latus, & cruentas
Ille plantarum manuumque plagas
Suftinet : nobis medicos latus de-
    ftillat in Imbres.

Hoc fide concors animique major
Turba credamus, fcelus eluiffe,
Et falutarem patuiffe nobis
    Vulnere CHRISTUM.

Ite : jam fœdam (monet hora) labem,
Ite, mortales, prohibete : magno
Carmen & totam fine fraude mentem im-
    pendite Regi.

Tu tuâ, VIRGO Sobolemque Regemque
Ætheris, leni prece ; ne malorum
Turbo per præceps cumulofque fefe
    Explicet omnes.

Siderum cives, facilem precati
Siderum Regem, referate cælum
Civibus terræ : focialis olim
    Turba futuri.

Ille nos, JESU, locus, illa tecum
Regna conjungant, ubi nos canentûm

Cælitum pridem vocat in beatam ex-
ercitus aulam.
Sic erit : votis iteramus omnes;
Sic erit. Septem bona verba læto
Profer eventu, Pater, & beatos
Pande Penates.

ODE XXV.

DIALOGUS

PUERI JESU ET VIRGINIS MATRIS.

CARMEN VOTIVUM.

Ex Cantici Canticor. cap. I. IV. V. VI. & VII.

PUER.

V IRGO fidereis pulchrior igaibus,
Auro fulgidior, lucidior vitro,
Rubro gratior oftro,
Albâ candidior rosâ.

VIRGO.

JESU purpureo clarior Hespero,
Lunâ fplendidior, Sole ferenior,

K v

Vernis gratior arvis,
Hibernâ nive purior.

PUER.

Sic fulges óculis, ut geminus propè;
Qui cùm lusit agris fons Eseboniis,
Clausum stare quieto
Se miratur in otio.

VIRGO.

Sic luces oculis, ut geminæ propè
Lucent, seu fluvio, sive liquentibus
Lotæ lacte columbæ
Affedère canalibus.

PUER.

Ornant ingenuæ colla tibi comæ,
Lydis lota velut purpura fontibus
Summis aut Galaadi
Declines capreæ jugis.

VIRGO.

Ambit pulchra tuas cæsaries genas;
Qualis frondifluis palma viret comis;
Qualis corvus in ipsis
Plumarum tenebris nitet.

PUER.

VIRGO, lenè tuis verba fluunt labris;

Hyblæo veluti mella fluant favo,
   Aut demiffa folutis
     Errent flammea tæniis.

VIRGO.

JESU, dulcè tuis ora natant fonis,
Infufo veluti pocula Cæcubo,
   Aut humefta caducis
     Gemment lilia roribus.

PUER.

Mammæ funt fimiles hinnuleis tuæ
Qui tondent teneris lilia morfibus,
   Dum fe foffus anhelo
     Inclinet fenio dies.

VIRGO.

Certant, NATE, tuis uberibus botri;
Botri, quos viridis parturiit Cypros,
   Aut quos educat almis
     Engaddus viridariis.

PUER.

Quifquis, VIRGO, tuas afpiciet genas,
Pœnis afpiciet mala rubentia
   Ramis: cetera claudunt
     Imo fe bona pectore.

VIRGO.

Quifquis, NATE, tuis hæferit in genis,
Pictam difpofitis artifici manu
   Liliifque rofifque
    Emirabitur aream.

PUER.

Qui te non amat, eft barbarior feris,
Pardis afperior, tigride fævior,
   Impacatior urfis,
    Iracundior anguibus.

VIRGO.

Qui te non amat, eft marmore durior,
Saxis horridior, furdior æquore,
   Inconftantior auris,
    Immanfuetior ignibus.

ODE XXVI.
AD AURAM.

AURA, quam veris tepor & ferenâ
Thraciæ vectant animæ quadrigâ,
Huc ades, quâ te vocat hofpitali
   Populus umbrâ.

Hìc tibi liber Zephyrus comas per-
fultet & ramos : vagus hic fupinas
Increpet frondes , teneroque vexet
    Gramina lufu.

Dum per apricos revoluta flores ,
Vitreæ fomnum fuga fuadet undæ ,
Meque fufpenfamque comante perfla
    Barbiton alno.

Sic tibi cælum , lepidoque foles
Rideant vultu : pede fic liquenti
Ros tibi manet , tacitaque fe fuf-
    pendat in herba.

Sic tibi Seres Cilicefque campi
Sofpiti centum geminent odores :
Sic adulantes violis rofarum
    Pefte capillos.

Sic , meo chordas quatiente plectro ,
Inter admiffos digitos acutùm
Sibilo ludas , lyrico comes Po-
    etria vati.

ODE XXVII.

NOE VATICINIUM.

Luxuriam præteriti, & Idololatriam futuri seculi
dequeritur.

Dimersa latè fecula cùm Noë
Enavigaret, naufraga dicitur
    E puppe profpexiffe regna,
        Et malè jam pelago latentes
Fleviffe, terras : Secula, fecula
Libido fœdis mergit amoribus ;
    Totoque reftinguendus orbis
        Oceano, fimul omnis uno
Peccavit igni. Scilicet impiis
Polluta regum limina nuptiis,
    Spectante fruftra Sole, poffeat
        Stare diu ? Pudor, heu ! nefafque
Nafcentis ævi, turpis amor, nihil
Intaminatum liquit : & innocens
    Natura deformis nocenti
        Supplicium grave pendit ufu.
Incefta fœdi fecimus omnia,
Et digna perdi. Marmoreis ubi

Urbes coronatæ coloffis?
  Aut ubi turrigeræ potentûm
Arces Gigantûm? queis, modò liberi
Fefto choreas agmine plaufimus,
  Delphines infultant plateis,
   Et vacuas fpatiofa cete
Ludunt per aulas, ac thalamos pigræ
Prefsère phocæ: defluit illito
  Aurum lacunari, & refixæ
   Ad pelagus rediêre gemmæ.
Jam nec vetuftis fculpta fcientiis
Famofa moles perftat, & aureis
  Infcripta majorum fepulcris
   Funditus occubêre faxa.
Ingens egeftas, & fimul omnium
Jactura rerum, flagitium, Dei
  Cultuque delubrifque & aris;
   Heu! miferum malè nudat orbem!
Jam jamque coget fecula proprium
Nefcire Numen: nec fcelerum grave
  Penfare permittet nepotes
   Supplicium. Simul omne ripas
Habebit æquor, rurfus & inclyta
Tellus in herbam furget, & aureus
  Titan inaurabit recenti
   Arva die, populifque magnus
Crebrefcet orbis. Non eadem fluet

Ætas, & auro deterius diem
 Procudet argentum, ac fonoro
  Belligerum gemet ære tempus ;
Tandemque ferro fecula corruent.
Et, qui malorum fummus apex, Dei
 Oblita, me rerum parentem
  Sacrilego colet igne Tellus :
Falfumque numen (pro pudor !) impio
Narrabor orbi, ceu veteri Chao
 Hac puppe difcrevisse, & omnem
  Naufragio recreasse mundum,
Mox ftare terris, currere flumina,
Frondere filvas, arva virefcere
 Jussisse paulatim, & nitentes
  Frugibus explicuisse campos.
Me Bactra Cælum, me Babylon Jovem,
Me Sufa Solem, me Pharii fuum
 Dicent Ofyrim : me bifrontem
  Aufoniæ colet ora Janum.
At, o potenti qui regis æthera
Terrefque fceptro ; verte, Pater, Pater,
 Undafque terrafque ; & trifulcum
  In caput hoc jaculare telum, .
Fœdufque jam nunc ftragibus obruar
Labantis ævi : barbaricis ego
 Solus fupervivam pudenda
  Materies titulufque facris.

ODE XXVIII.

AD DIVINAM SAPIENTIAM.

Cùm novi e Germania, Gallia, Italiaque motus
bellici nuntiarentur.

O Mens, quæ ſtabili fata regis vice;
Ut nos pulchra tui ſeria conſili,
 An te noſtra viciſſim
  Delectent, age, ludicra?
Nam tu cùm variâ ſpargis opes manu;
Effuſas lepido non ſine jurgio
 Raptamus, puerorum
  Sparſas turba velut nuces.
Hic cùm ſceptra capit, frangit; hic ante quàm
Geſtet, fracta videt. Fluctuat, heu! miſer,
 Alternâque potentum
  Mundus diripitur manu.
Punctum eſt, ſors avidis quod ſecat enſibus
Inter tot populos. Hoc precor unicum
 Pauper: Secum avidi dum
  Pugnant, tecum ego rideam.

ODE XXIX.

AD EQUITES POLONOS.

Anno M. DC. XXX.

Quos fera gignent fecula pofteros
Narrabo vates. Stemmata patriis
 Delete ne ceris, Quirites,
  Egregiis geminanda factis

Olim minorum. Si quid avi rudes
Inominatâ geffimus alite,
 Reducet in laudem nepotum,
  Aufpicio meliore, virtus.

Non fcuta fruftra, non galeas decent
Gryphefque pardique : atque leonibus
 Vexilla nequicquam, & chymæris
  Sarmaticæ micuêre parmæ.

Quis ille ductor Balthida Lechicis
Infcendit armis ? quod juvenum recens
 Examen Arctoum Polonis
  Increpat Oceanum fub armis ?

Jamque & minaces bella fremunt Gothi :
Hinc Martis atque hinc rupta tonitruis

Immugit unda : jam propinquæ
   Prælia conferuêre proræ.
Pro ! quantus armis in media quoque
Formofus ira ! quantus in arduum
  Affurgit enfem ! quantus haftâ
    Per Gothicas juvenis phalangas
Exfultat ! O lux ! o veterum recens
Sidus Jagellonum ! o patriæ Pater,
  Primafque bellantis per undas
    Sarmatiæ Cynofura , falve.
Turrita faxis fe tibi Suecia
Murifque pandit : jam tibi patrii
  Cultus , & heroos revinxit
    Laurigerum diadema crines.
Jam Vilna latè , jam veteris Craci
Fefto plateæ carmine perfonant :
  Tu Tiphys alter : tu feverus
    Belligero dare frena ponto.
Princeps agreftes , & nimiùm diu
Terræ tenaces Martis adoreas
  Latum refudifti per æquor ,
    Aufus humo pelagoque magnum
Mifcere nomen. Te niveis fuper
Attollet altum Fama curulibus ,
  Quà vefper atque Aurora facrum
    Purpureo lavit amne crinem.

Hæc tum , madenti vefpere , Sarmatæ ;
\ Canenda feris belli nepotibus
   Bis terque fub noctem lyràque &
    Nifoviis iterate nervis.
Cras aut biremem , aut rurfus equum citi
Scandetis. Eheu ! quæ nova barbaris
   Effufa tempeftas ab oris
    Fulminat ? agricolafque latè
Campofque , frugefque , & pecorum procul
Armenta vafto proruit impetu ?
   Impunè , (proh pudor !) Polonas
    Thracia depopuletur urbes ?
At o virorum quifquis amicior
Marti , citato fcande ratem pede.
   Quà pontus & neglecta Thracum
    Clauftra vocant , vacuæque turres ;
Perrumpe muros , dirue mœnia ,
Invade portas , fterne folo domos :
   Heu ! fterne Byzanti pudendis
    Templa diu famulata facris.
Io triumphe ! Sarmata Bofporo ,
Et belluofæ frena Propontidi
   Injecit ; Eoumque feris
    Imperium reparavit armis.
At vos fecundà tempora , Milites ;
Umbrate lauru , dum gemino fuper

Procedit Arctous triumpho
 Victor, Agenoreumque retrò
Frontis minorem, & compedibus gravem
Ducit tyrannum. Dicere confono
 Utrimque plaufu ; Tu tuorum,
  Tu patriæ Pater atque Cæfar.

Poft hæc avito Pax bona parieti
Sufpendet enfes ; & patrias novæ
 Narrabit ad tædas maritæ
  Emeritus fua bella conjux.

Mox & quod atrâ Mars rapuit manu,
Caftæ reponent prole puerperæ ;
 Novique reptabunt per arcus,
  Scuta per & galeas nepotes,

Jam nunc protervi, nunc etiam truces
Ad fæva ferri fulgura : fed diu
 Neglecta pacabunt juventam
  Otia, Palladiique ludi.

Suâ quietus quifque fub arbore
Cenam pudici cum fociâ tori,
 Gnatifque profternet, propinquo
  Pocula prætereunte rivo.

Non aut malarum jurgia litium
Emtufve judex, fed bona Veritas
 Componet iras, aut jocofi
  Vina fuper epulafque amici.

Non fpes bonorum, non ftudium lucri,
Cogent potentem vifere curiam,
 Tractufque longinquos viarum,
  Et viduos numerare menfes.
Quem manè ficcum prima dies domo
Dimittet, illum' fera dies domum
 Potum reducet, & maritæ
  Excipient fine lite cenæ.
Mox ad paterni ruris amœnior
Surget labores : five fuas Leo
 Æftivus ad meffes vocabit,
  Sive redux ad aratra Taurus.
Sed ipfa meffis fponte fidelibus
Infurget' agris : non fegetem graves
 Urent avenæ ; non feraces
  Suget iners paliurus agros.
Sed alba rubris lilia cum rofis,
Canæque nardi flantibus ánnuent
 Hinc inde ventis : atque in omni
  Alta Céres fluitabit arvo.
Tunc ipfa labens æthere Fauftitas
Paffim per urbes nectet & oppida
 Lætas Napæarum choréas,
  Quàm niveus Pudor, & folutis
Per colla paffim Simplicitas comis,
Rerumquè plenis Copia cornibus

Prifcoque gavifæ fequentur
   Naïades Dryadefque cantu.
Hæc vera dicar tunc ego præfcius
Dixiffe vates : tunç mea carmina
   Difcenda grandævi parentes
      Virginibus puerifque dicent.
Fruftra : nam in urna furdus & immemor
Jacebo pulvis. Me tamen integræ
   Lauri coronabunt jacentem , &
      Circùm hederæ violæque ferpent.

ODE XXX.

AD JANUSSIUM SKUMINUM TISZKIEWICIUM,

PALATINUM TROCENSEM.

Cùm BARBARÆ NARUSZEWICIÆ *conjugi cariffimæ jufta perfolveret.*

S𝗜 tibi pollicitum Numen , fi Fata fuiffent
   Æternos fore conjugis annos ;
Jure per affiduos, Procerum fortiffime , fletus
   Ereptam quererère, JANUSSI,

Quem Pietas , quem non moveat non triftibus unquam
    Arx animi concuffa procellis ,
Et Pudor , & proni niveo de pectore fenfus ,
    Et regina Modeftia morum ,
Aut bona Sedulitas , aut non incauta futuri
    Præfagæ Solertia mentis ?
Provida fed longum magnis Virtutibus ævum
    Non audent promittere Fata :
Nec poffunt , fi quæ maturavêre , profanis
    Aftra diu committere terris.
Nunc adeo parces longis onerare querelis
    Depofitum repetentia magnum,
Ingentes animæ gazas , & robur , & aureo
    Incoctum bene pectus Honefto.
Sic Tanaquil , fic quæ cunctantem Claudia rexit
    Virgineâ cervice Cybelen ;
Quæque maritali succeffit Theffala fato ,
    Et Latiis vaga Clœlia ripis.
Ante diem raptæ , vivunt poft funera , vatum
    Perpetuos id carmine faftos.
Illa quidem , non fi furdos ad carmina Manes
    Orpheâ teftudine vincam ,
Eductas adamante fores , & ahenea rumpat
    Elyfii pomœria muri ,
Reddaturque tibi. Stat nulli janua voto ,
    Nullis exorata poëtis.

                          Sunt

Sunt tamen exiles infigni in limine rimæ
    Quà poffint arcana videri.
Hac ego, fi nullos fallunt infomnia Manes,
    Aut vidi, aut vidiffe putavi
Errantem campo in magno, quem gemmea circum
    Perfpicuis ftant mœnia portis.
Auro prata virent; arbor crinitur in aurum:
    Crifpantur violaria gemmis.
Quæ nec Apelleus liquor, nec pulchra trigoni
    Affimulent mendacia vitri.
Centum ibi formofis in vallibus Heroïnæ
    Æternum Pæana frequentant.
Stant virides campo ftellæ, madidifque corufca
    Connivent fibi fidera flammis.
Illa inter medias parvo comitata nepote
    Et rofeo vivacior ore,
Ibat ovans, grandemque fibi, grandemque nepoti
    Nectebat de flore coronam.
Cetera me vetuit magni caligo ferèni
    Mortali percurrere vifu:
Nec tu plura velis. Satis eft, cui fata dederunt
    Æternis mutaffe caduca.

L

ODE XXXI.

AD PHILIDIUM MARABOTINUM.

VIDES ut' altum fluminis otium
Rerum quietâ ludit imagine ,
    Solemque Lunamque , & fereno
        Picta refert fimulacra cælo.
Talem feveræ lege Modeftiæ
Compone mentem : feu caput horridis
    Fortuna circumfultat undis ,
        Seu placidâ tibi mulcet aurâ.
In nube femper rideat aureo
Pectus fereno : quò melius facros
    Deique Naturæque vultus
        Non dubiis imitetur umbris.
Pulchrum eft quietâ mente volatili
Inftare Vero , nec trepido gradu
    Urgere Naturam , nec inter
        Ambiguas fluitare cauffas :
Sed mente fixâ ducere liquidos
Rerum colores , & capitis facrâ
    Ab arce profpectare Verum , &
        Fixa fuis fua rebus ora.
Fruftra protervis frena damus feris ,

Si nulla noftræ frena proterviæ
  Aptamus. Excufsêre cælo
    Non vacui Phaëthonta freno ,
Sed lege , currus. Qui refugit fui
Rex effe , regni nefciet exteri :
  Quicumque dat fibi , regendo
    Ille poteft dare jura mundo.
Ut mentis almo cuncta premas finu ,
Ipfum feveris te preme legibus :
  Sic tu probis folers minifter
    Confiliis , ego fidus auctor.

ODE XXXII.

AD ALBERTUM TURSCIUM.

De fuis fomniis & lyricis.

TURSCI , feu brevior mihi ,
Seu pernox oculos compofuit fopor ,
  Pennas Somnia levibus
Affigunt humeris ; jamque virentia
  Lætus prata fupervolo ,
Quà fe cumque novum mollè tumentibus
  Campis explicuit nemus ,
Herbofæque patet fcæna fuperbiæ.

L ij

Mox & nubibus altior,
Miftus flumineis ales oloribus,
  Vivos defpicio lacus,
Et dulci volucrem carmine mentior.

  Jam tunc nubila, jam mihi
Blandis diffiliunt fulmina cantibus:
  Et quæ plurima circuit
Collum, puniceâ vincior Iride.

  Idem jam vigil, & meus,
Non ingrata fimul fomnia difpuli,
  Cùm ter mobilibus lyram
Percuffi digitis, immemor, & dulcis

  Nil fectator Horatii,
Sublimis liquidum nitor in aëra:
  Et nunc litora, nunc vagas
Siccis trajiciens paffibus infulas.

  Nil mortale mei gero, &
Jam nil folicito debeo ponderi.

  TURSCI, fæpe tamen mones,
Olim ne veteri clarior Icaro
  Veris fabula cafibus
Mutem Parrhafii nomina Baltici.

  Fruftra: nam memor Icari,
Addo ftultitiæ confilium brevi:
  Nam, feu dormio, me torus;
Seu fcribo, ftabili fella tenet fitu.

ODE XXXIII.

AD D. VIRGINEM MATREM.

Cùm in inclyta Vilnenſi Societatis JESU Acade-
mia curriculo philoſophiæ finem imponeret ,
ſcholaſticam prælecturus theologiam.

E T jam quietis ancora puppibus
Litus momordit. Solvite carbaſa ,
   Proramque , malumque , & virenti
    Remigium religate lauru.
O cui frequenti plurima ſupplicat
Stagira portu ; ſi Tibi conſona
   Reſpondet ex omni juventus
    Turre , Palæmoniique flammis
Riſêre montes : ſi Tibi pervigil
Depræliantûm exercitus ignium
   Hinc pugnat atque hinc , atque ahena
    Pulvereo tonat ore moles ;
Emancipatis adde clientibus
Gratam laborum , nec vacuam Tui ,
   O VIRGO , pubem ; ſive caſtris ,
    Sive Tibi famuletur aris.

L iij

ODE XXXIV.

AD QUINTUM TIBERINUM

Divitem nunquam, TIBERINE, dices,
Cujus Eois potiora glebis
Rura, Fortunæ fine fæce pulcher
    Rivus inaurat :
Quem per infignes geniale ceras
Stemma claravit, vaga quem per urbes,
Quem per & gentes radiante vexit
    Gloria curru.
Pauper eft, qui fe caret : & fuperbè
Ipfe fe librans, fua rura latam
Addit in lancem, focioque fallens
    Pondus in auro.
Ceteris parvus, fibi magnus uni,
Ipfe fe nefcit, pretioque falfæ
Plebis attollit, propriaque fe mi-
    ratur in umbra.
Splendidam verâ fine luce gazam,
Turgidum plenâ fine laude nomen
Mitte ; te folo, TIBERINE, difces
    Effe beatus.

ODE XXXV.

AD PAULLUM COSLOVIUM.

Jam pridem tepido veris anhelitu
Afflarunt reduces arva Favonii :
   Jam se florida vernis
     Pingunt prata coloribus.
Stratus frugiferis Vilia puppibus
Grato præterabit rura silentio,
   Quamvis proximus omni
     Collis personet alite ;
Quamvis & viridi pastor ab aggere
Dicat gramineâ carmina fistulâ,
   Et qui navita debet
     Plenis otia carbasis.
Æquas Palladiis, PAULLE, laboribus
Interpone vices. Cras, simul aureo
   Sol arriserit ore
     Summorum juga montium,
Scandemus, viridis terga Lucifcii,
Quà celsâ tegitur plurimus ilice,
   Et se prætereuntûm,
     Audit murmura fontium.

Illinc e medio tota videbitur
Nobis Vilna jugo ; tota videbitur
 Quæ Vilnam finuofis
  Ambit Vilia flexibus.
Illinc picta procul quæ radiantibus
Fulgent fana tholis , & geminam fuper
 Defpectabimus arcem ,
  Magni regna Palæmonis.
Ut longo faciles Pacis in otio
Se tollunt populi ! nam tria tertio
 Surrexêre fub anno
  Prifcis templa Quiritibus :
Et quà confpicuis fe Gedeminia
Jactant faxa jugis , & Capitolium ,
 Et quæ tecta fuperbis
  Intrant nubila turribus.
Auget magna Quies : exiguus Labor
In majus modico provenit otio.
 Hinc terga virentûm
  Latè profpice collium.
Quæ nunc mobilibus nutat Etefiis ,
Segni cana ftetit fub nive populus :
 Qui nunc defluit , altâ
  Hæfit fub glacie latex.
Qui nunc purpureis floret ager rofis ,
Immoto fterilis delituit gelu :

Verno quæ ftrepit ales ,
    Hiberno tacuit die.
Ergo rumpe moras , & folidum gravi
Curæ deme diem , quem tibi candidus
    Spondet Vefper , & albis
        Cras Horæ revehent equis.

ODE XXXVI.

AD EQUITES POLONOS ET LITHUANOS

Amphion , feu Civitas bene ordinata.

Exteros mores prohibete pulchrâ
Lege , Thebani : patriafque leges
Et pios ritus , & avita natos
        Sacra docete.
Templa Fas fanctum , fora luftret Æquum ;
Veritas , & Pax , & Amor per omnes
Ambulet vicos : Scelus omne caftâ
        Exfulet urbe.
Nullus eft murus Sceleri. Per altas
Urbium turres , triplicefque portas
Pœna perrupit. Vigilant in omnes
        Fulmina culpas.

                    L v

Concolor Vero Dolus, & superba
Exsulet regni sitis, & Cupido
Desidis lucri, tacitoque segnis
    Copia luxu.

Publicos discat geminare census
Sæva Paupertas : & in arma ferrum
Sit satis. Rapto malè pugnat olim
    Miles in auro.

Sive res bellis agitanda, sive
Pace, collatas sociate vires
Alta centenis melius recumbunt
    Templa columnis.

Inter errantem scopulos carinam
Certius plures docuère stellæ:
Fortius proram gemino revincit
    Ancora morsu.

Glifcit æterno sociale nexu
Robur. Arcánas opulentiorum
Irà per rixas agitata magnas
    Eruit urbes.

Hæc ubi, dulci modulante nervo,
Dixit Amphion: ter eunte fluctu
Substitit Dirce, ter opaca movit
    Terga Cytheron.

Saxa repserunt, scopulique circum
Devio campos petiêre saltu,

Et nemus, pronufque filex ex alto
    Monte cucurrit.
At fimul Vates tacuit, per omnem
Barbaræ rupes coiêre murum, &
Septies claufæ fteterunt uheno
    Cardine Thebæ.

ODE XXXVII.

AD JOANNEM PALMIUM.

*Ex Joannis Conchanovi pœtarum Polonorum
    principis Lib. II. Oda XX.*
*Cùm regni Poloniarum Ordines, poffiis ad Viftu-
lam caftris,* STEPHANUM I. *regem Poloniæ
    dicerent.*

PALMI, futuri Regis inutiles
Omitte curas. Dudum adamantino
    Cui fata fubfcripsêre libro
    Sarmatici diadema regni,
Non Aufter illum, non Boreæ domus,
Non limen Euri, non Zephyri dabit.
    Rex eft, POLONI, quem potenti
    Rex Superûm jubet effe voto.

L vj

Hic ipfe (quanquam fe propior daret
In regna Princeps) miferat extero
   A fole Regem, qui relictâ
     Vela retro citò ferret aulâ.
Quò vana pulchræ nomina gloriæ ?
Quò pictus auro miles , & inclyti
   Cefsère Gafcones ? Inani
     Spes tumidæ crepuêre vento.
Fortuna naves , & dubias agit
Fortuna pugnas. Hæc popularibus
   Utcunque fe mifcet catervis ,
     Ambigui regit ora vulgi.
Abfifte verbis. Nos medio procul
Campo coronam figimus arduâ
   In rupe. Rex efto , priore
     Quifquis emet fibi regna curfu.

ODE XXXVIII.

AD LIBERTATEM.

Cùm VLADISLAUS IV. *maximis ad Viſtulam comitiis rex Poloniæ renuntiaretur.*

NAM quæ reviſas limina dulciùs
Mavortiarum maxima gentium
  Regina LIBERTAS, Polono
    Orbe magis Litaviſque campis?
O providentis filia Confili,
O Fauſtitatis mater, & otii
  Beata nutrix, o Polonæ
    Primus honos columenque gentis,
Quæſita multo ſanguine Gloria,
Reperta multo! Regibus altior,
  Ipſàque Majeſtate major,
    Et patriæ melior Magiſtra
Felicitatis! leniter attrahe
Frenos, & imâ nube ſuper levem
  Suſpende currum; quà refuſus
    Viſtuleas tibi propter undas
Hinc Lechus, atque hinc Littavus aureis

Collucet armis, quà tibi civium
Tranquilla tempeſtas ovantes
.Implet agros, prohibetque tota
Latè videri. Non tibi ſedimus
Servile vulgus: ſed genús inclyti
Mavortis, æternus Deorum
Sanguis, Hyberboreoque clarî
Ab uſque Lecho, legibus additum
Optare Regem: fallere neſcii
Quemquam, nec invidere nati,
Extera nec metuiſſe ſceptra,
Suoque magni. Publica clariùs
Virtus per omnes emicuit gradus,
Cùm magna Libertatis umbra
Sceptra ſimul populumque texit.
Tunc non coactis nobile viribus
Omnè obſoleto vitat in otio
Latere robur; tunc aperto
Ingenium volat omnè campo;
Ad uſque palmam: tunc faciles, neque
Duri Quirites conſpicuo palam
Parere Regi, per cruentum
Laudis iter ſequimur volentem
Quacumqúe ducit. Sìc gelidum caput,
Auſi nivalis ſcandere Carpathî:
Hæmiſque victores nigrum cal-

cavimus Æmoniæque collum.
Sic Thracis olim litora Bofpori,
Sparfumque latè terruimus Getas,
   Baltimque, inaudacemque Cimbrum:
    Et fpoliis Afiæ fuperbos
Nunquam otiofi vincere Teutonas,
Metas Poloni fiximus imperi, &
   Ternam Boleflai columnam
    Triplice protulimus tropæo.
Præter triumphis vecta Boryfthenem
Volgamque pubes, belligeri fuper
   Aras Alexandri, & Laponi
    Cæruleas Aquilonis arces.
Scit lævus Ifter, fcit vitreis ubi
Jungit Bootes æquora pontibus,
   Fractoque jam Mæotis arcu
    Sarmatici mala longa belli.
Quo rege, terris pulchra parentium
Exempla nati reddimus ? Annue
   O pulchra Libertas, & orbis
    Confilio trepidifque Regum
Obfeffa votis, dulce fupercili
Remitte pondus. Quèm tibi Maximus
   URBANUS, Auguftufque grata
    Congeminat vice FERDINANDUS;
Pro quo perorat mundus, & ipfa quem

Gaudes rogari : regnet ab ultimo
 Primus SIGISMUNDO, & vetuſto
  Proximus a JAGELONE ſanguis.

Ut nulla poſſunt fallere præſcios
Futura vates ! O hominum ſalus !
 O cura LADISLAE Divûm,
  Lechiacæ dominator oræ

Salve ! ſecundis Te Lechici Patres
Et Martiorum caſtra Quiritium
 Regem ſalutavêre votis :
  Jam galeis Tibi nutat omnis

Haſtiſque pubes : jam reſonabiles
Campi jocosâ vocis imagine
 Colleſque certatim, & profundæ
  Plauſibus intonuêre ſilvæ.

Ter viſus omni ſe Pater Hiſtula
Moviſſe ripâ : ter Tibi frondeam
 Flexiſſe cervicem, & reclini
  Carpathus attremuiſſe pinu.

Qualem peracto, ſecula Te retro
Debent Novembri ! jam Tibi Gloria,
 Bellique maturus Cupido
  Non humiles ſimulavit iras :

Quanquam recentis mulcet amœnior
Caligo Regni. Quantus in impium
 Aſſurgis, abſentemque vincis

Confiliis animifque Mofcum!
Qualis minaci præfuris impetu!
Et quantus iræ ! five acie levi
   Campos inundare, & repenti
    Mœnia terrificare bello ;
Deliberato feu calor incidat
Pugnare ferro. Sic Jagelonidæ
   Ab hofte laudari cruentâ
    Et metui peperêre dextrâ.
Sic dum priores æquat avos Pater,
Egit timeri fortis , & improbam
   Muſctavit exhaufitque factis
    Invidiam , fobolique tantùm
Majora liquit. Tu gemino potes
Avi Patrifque nomine duplicem
   Mifcere laudem : five pacis,
    Sive gravis per acuta belli,
Cùm læta pofcent, confilii celèr ;
Cùm mæfta rerum , ftrenuus ingeni, &
   Immotùs innixufque femper
    Ipfe Tibi , patienfque curæ,
Rerum fub alto pondere rectior
Majorque ftabis. Sic tibi Sarmatæ,
   Sic fata juravêre , toto
    Sic Superi ftatuêre cælo.

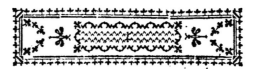

MATTHIÆ CASIMIRI
SARBIEVII
LIBER EPODON.

ODE I.

AD PAULLUM JORDANUM URSINUM
BRACCIANI DUCEM.

Bracciani agri amœnitatem commendat, ad quem
per ferias Septembres fecefferat Româ.

Huc, o quietis apta Mufis otia
Levefque Ludorum chori,
Huc, feriantûm Phœbe Mufarum pater,
Huc, hofpitales Gratiæ,

Huc, delicatis ite permisti Jocis
 Non inverecundi Sales :
Hic otiosi mite Bracciani solum
 Vago coronemus pede.
Clemens supino clivus assurgit jugo,
 Cælunque paulatim subit,
Et solida subter terga scopulorum arduo
 Securus infessu premit:
Arcisque jactat inter alta turrium
 Insigne propugnacula ,
Timenda quondam Cæsarum turmis ducum,
 Timenda magno Borgiæ
Cùm per minantûm militum æratos globos
 Metuenda jaceret fulmina ,
Ageretque profugum Cæsarem, & quassum metu ,
 Adusque promissum NIHIL.
Hic ille magnus frenat Etruscas opes
 URSINUS heroum decus ,
Heres avitæ laudis , & princeps caput
 Magnæque laus Oenotriæ.
Circùm coruscis scæna quercetis viret ,
 Cælumque verrit frondibus,
Suosque colles vestit , & patentibus
 Sese theatris explicat.
Admota muris ponè Nympharum domus
 Aprica præbet litora :

Ripamque Baccho jungit, & vallum propè
    Lentis flagellat fluctibus.
Majore nufquam ftagna Neptuno fonant,
    Aut æftuantis Larii,
Aut qui fevero tangit Albanus lacu
    Inenatabilem Styga :
Aut quæ procellis gaudet, & magno fremit
    Superba ponto Julia :
Nec major unquam fpumat, & rupes truci
    Benacus affultat falo.
Intonfa curvo monte circumftant juga,
    Mitefque defpectant aquas.
Nivofus illinc terga Romanus movet,
    Cæloque diducit minas :
Illinc caducis ilicem quaffat comis
    Sublime Cymini caput :
Crudumque Boream frangit impotentibus
    Depræliaturum Notis,
Terrifque latè regnat, & cæli minis
    Opponit hibernum latus.
Amica fternit interim lacum quies,
    Fluctufque fluctu nititur :
Et ipfa fecum pigra luctatur Thetis,
    Aquæque colludunt aquis.
Quas vel carina, vel citata turgido
    Findit phafelus linteo :

Pinnâque latè vitreum cogens pecus
   Volente lino truditur ,
Setâque piſcem ducit , & raris procul
   Lacum coronat retibus.
Hinc alta lucet divitis Pollæ domus ,
   Hinc pinguis Anguilaria :
Trebonianas hinc amica vineas
   Vadoſa plangunt æquora.
Hinc delicati fundus Aurelî nitet ,
   Lymphæ ſalutaris pater :
Undâque morbos arcet , & vivacibus
   Lucem fluentis eluit.
At quâ ſuperbum fontibus nomen dedit ,
   Suumque Flora marginem ,
Vivis perennes decidunt ſaxis aquæ ,
   Campoſque decurſu lavant ,
Patremque longè Tibrin , & regem ſonant ,
   Romæque ſervitum fluunt.
Sincera circùm regna naturæ nitent ,
   Et artis immunes loci :
Adhucque virgo ſulcus , & montes adhuc
   Molles inexperti manus ,
Meramque Bacchus Tethyn, & Bacchum Thetis,
   Et pinguis invitat Ceres.
Hinc ille lætus ſurgit , & tenacibus
   Inſerpit ulmis Evius ,

Udoque cornu turget , & fluentibus
Crinem racemis impedit.
Non Lesbos illi , non odorati magis
Vineta rident Maffici ,
Aut quæ Falernis educata folibus
Sublucet uvæ purpura.
Sed nec Falifci glaream malit foli ,
Nec pinguis uber Rætiæ ,
Nec flava tantùm culta felicis Cypri ,
Graiamve dilexit Rhodon ;
Quantùm fuis fuperbit , & fefe fuis
Miratur in canalibus.
Circùm beatis imperat campis Ceres ,
Latèque rura poffidet :
Et arva flavo meffium fluctu tument ,
Motuque culmorum natant.
In nube rarus inquinat cælum vapor ,
Aut tenfa nimbis vellera :
Aut e Boreis bella ventorum plagis ,
Raucufque filvarum fragor
Auditur ufquam : non protervis infonant
Exercitati Syrtibus ,
Euris & Auftris contumaces Africi ,
Et perduellibus Notis.
Tantùm ferenus Vefper , & tenerrima
Etefiarum flamina ,

Albique foles , & ferena lucidis
   Afpirat aura montibus :
Puramque cælo provehunt Horæ facem ,
   Et Phœbus Horarum pater
Peculiari luce colles irrigat ,
   Pronaque perfundit die.
Ramis tepentes ingruunt Favonii
   Jocantis auræ fibilo ,
Et temperatis provocant fufpiriis ,
   Lenique fomnum murmure.
At non loquaces interim nidi tacent ,
   Matrefque nidorum vagæ.
Sed aut maritis turtur in ramis gemit ,
   Et faxa rumpit queftibus ,
Aut læta latè cantibus mulcet loca
   Famofa pellex Thraciæ ,
Silyifque coram plorat , & crudelibus
   Accufat agris Terea :
Quæcumque mæftæ vocibus dicunt aves ;
   Refpondet argutum nemus.
Affatur alnum quercus , ornum populus ,
   Affatur ilex ilicem ,
Et fe viciffim collocuta redditis
   Arbufta folantur fonis.
Huc , o Quiritûm ductor ; huc , Œnotriæ
   O magne regnator plagæ

JORDANE, tandem plenus urbis & fori,
    Rerumque magnarum satur,
Sepone curis temet, & domesticis
    Furare pectus otiis.
Hic vel tuarum lene tranabis vadum
    Opacus umbris arborum,
Tuosque colles inter, & tuas procul
    Perambulabis ilices :
Vel cùm Decembri campus, & primâ nive
    Vicina canescent juga ;
Nunc impeditas mollibus plagis feras,
    Silvamque præcinges metu :
Nunc incitato capream rumpes equo,
    Teloque deprendes aprum ;
Jactoque cervos collocabis spiculo,
    Furesque terrebis lupos.
Quòd si Latinæ laus ALEXANDER plagæ,
    Sacræque sidus purpuræ,
Tecum paterno feriabitur solo,
    Seseque curis eximet ;
Tuíque cives, hospitesque civium
    Toto fruemur gaudio.

ODE II.

ODE II.

AD FONTEM SONAM,

In patrio fundo, cùm Româ rediiffet.

Fons innocenti lucidus magis vitro,
  Paràque purior nive,
Pagi voluptas, una Nympharum fitis,
  Ocelle natalis foli,
Longis viarum languidus laboribus,
  Et mole curarum gravis
Thufcis ab ufque gentibus redux, tibi
  Acclîne proftefno latus.
Permitte ficcus, quà potes, premi, cavâ
  Permitte libari manu.
Sic te quietum nûlla perturbet pecus,
  Ramufve lapfus arbore :
Sic dum loquâci prata garritu fecas,
  Et lætus audiri falis ;
Affibilantes populetorum comæ
  Ingrata ponant murmura
Tibi, lyræque Vatis. Haud fruftra : facer
  Nam fi quid URBANUS probat,
Olim fluénti lenè Blandufiæ nihil,
  Aut Sirmioni debeas.

                         M

ODE III.

PALINODIA

Ad secundam Libri Epodon odam

Q. HORATII FLACCI;

Beatus ille qui procul negotiis.

LAUS OTII RELIGIOSI.

*Cùm amœnam Collegii Societatis JESU Vil-
nensis Nemecinæ villam per Sextiles
ferias inviseret.*

AT ille, FLACCE, nunc erit beatior,
 Qui mole curarum procul
Paterna liquit rura, litigantium
 Solutus omni jurgio.
Nec Tolis æstum frugibus timet suis;
 Nec fidus hiberni Jovis,
Rixasque vitat, & scelesta curiæ
 Rapacioris limina.
Ergo aut profanis hactenus negotiis
 Amissa plorat fidera:

Aut. in reducta sede disperfum gregem
   Errantis animi colligit,
Poftquam beatæ lucra confcientiæ
   Quadrante libravit fuo.
Idem, propinquâ nocte, ftellatas vigil
   Cùm Vefper accendit faces,
Ut gaudet immortale mirari jubar,
   Terràque majores globos,
Et per cadentes intueri lacrymas
   Rimofa lucis atria,
Quæ, CHRISTE, tecum, VIRGO, quæ tecum colat
   Perennis heres feculi!
Volvuntur aureis interim ftellæ rotis,
   Pigrumque linquunt exfulem,
Per ora cujus uberes eunt aquæ,
   Somnos quod avertat graves.
At quando lotum Gangis aut Indi fretis
   Jam Phœbus attulit caput,
Mentis profundus, & fui totus, minor
   Irata flectit Numina.
Vel cùm fereno fulferit dies Jove,
   Aprilibufque feriis,
Affueta cælo lumina in terras vocat;
   Latèque profpectum jacit,
Campofque luftrat, & relucentem fuâ
   Miratur in fcæna DEUM.

En omnis, inquit, herba non morantibus
   In aftra luctatur comis:
Semota cælo lacrymantur, & piis
   Liquuntur arva fletibus:
Liguftra canis, & rofæ rubentibus
   Repunt in auras brachiis:
Aftrifque panda nefcio quid pallido
   Loquuntur ore lilia:
Et ferò blandis ingemunt fufpiriis,
   Et manè rorant lacrymis.
Egone folus, folus in terris piger
   Tenace figor pondere?
Sic & propinquas allocutus arbores,
   Et multa coram fontibus
Rivifque fatus, quærit auctorem DEUM
   Formofa per veftigia.
Quod. fi levandas mentis in curas vigil
   Ruris fuburbani domus,
Quales Lucifci, vel Nemecini Lares,
   Udumve Befdani nemus
Rudes adornet ruftica menfas dape
   Siccos fub Augufti dies,
Jam tunc fub ipfum limen, aut domeftica
   Lenis fub umbra populi,
Exfpectat omnis hofpitem fuum penus,
   Et concha fingeri falis,

Et hofpitalis amphora ,
Et fraga , raris verna quæ dumis legit ,
 Jucunda panis præmia :
Non me fcari tunc , non Lucrinorum gravis
 Sagina mulorum juvet ;
Sed cereus palumbus , aut turtur niger ,
 Aut anfer amnis accola ,
Et eruditam quæ fugit gulam faba ,
 Lætumque , nec fimplex olus ,
Et quæ fuprema colligetur , ac gravi
 Patella nil debet foro.
Pofthæc vel inter læta quercetis juga ,
 Vel inter amnes juverit
Vitare triftes poft meridiem Notos
 Sub æfculo vel ilice ;
Nigrumve litus , aut opaca lubricis
 Tranare ftagna lintribus ,
Jactàque fruge ludibundum ducere
 Tremente pifcem lineâ.
Remugit ingens interim tauris nemus ,
 Umbrofa balant flum'na ;
Et aut in antris garriunt acanthides ,
 Aut in rubis lufciniæ.
Hinc per rubeta paftor errantes capras
 Vocante cogit fiftulâ :
Illinc herili meffor e campo redux

Alterna plaudit carmina,
Et preſſa feſtos plauſtra per ſulcos gemunt
  Ruptura ruris horrea.
At nec tacemus ponè confidentium
  Dulcis manus ſodalium ;
Nec inficetâ ſermo differtur morâ,
  Sed innocentibus jocis ,
Multoque tinctus , ſed verecundo ſale ,
  Innoxium trahit diem.
Hæc ſi videret fenerator Alphius ,
  Olim futurus ruſticus ,
Quam collocarat Idibus pecuniam ,
  Nollet Kalendis ponere.

ODE IV.

DE PUERO JESU

In VIRGINIS MATRIS finu.

A MEMUS. An Maffylus, aut noftris riget
    Alpinus in venis filex?
Amemus. En ut pronus e Matris finu
    In noftra pendet ofcula,
Qualis fevera vel Gelonorum puer
    Mollire poffet pectora!
Ut lumen oris, ut renidentes genas,
    Ut bina frontis fidera,
Nivefque colli, quafque purus & tener
    Titan inauravit comas,
Eburneafque tendit in collum manus!
    Ut annuit totus rapi!
Ut hofpitali vagit admitti finu,
    Stringique brachiis rogat!
Amemus: aut fi non amare poffumus,
    Repentè poffimus mori.

M iv

ODE V.

Ad pedes C H R I S T I *in cruce morientis Auctor*
provolutus.

Hinc ut recedam , non trucis ferri minæ ,
   Non nudus enfium timor ,
Unquam revellent a tua , J E S U , cruce
   Hoc multa fleturum caput.

Me teque tellus inter & cælum ruat,
   Verfique tempeftas maris ,
Mixtufque flammis nimbus , & ter igneis
   Caducis aër imbribus :

Jacebo fixum pondus , & certum mori ,
   Suique non ufquam ferens ,
Tuofque clavos & tuas amantibus
   Ligabo plantas brachiis.

At tu fereno, nam potes, vultu tuum
   Tuere , J E S U , fupplicem :
Et hoc , Patri quem reddis , haud evanido
   Me ftringe paullum fpiritu.

ODE VI.

CARMEN SECULARE
DIVINÆ SAPIENTIÆ,

In anno seculari M. D C. XXV.

Cùm URBANUS VIII. Pont. Opt. Max.
portam auream aperiret.

In gratiam PAULI FRIGERII Romani,
publicè de philosophia disputaturi.

DIVA terrarum pelagique præses,
Dicta subluftres habitare nubes
Inter, & latè cohibere pictis
      Sidera frenis,
Patris æternas imitata flammas,
Pura finceri foboles Sereni,
Mentis arcanum jubar, & corufcæ
      Filia lucis,
Par Patri natum fine matre Numen,
Candor afpecti fine nube Veri,
Ingeni proles, genialis almi
      Pectoris ardor,

M

O facer mundi lepor ! o decoræ
Fabra naturæ facies ! paternæ
Mentis exemplum, liquidi ferenus
    Luminis imber,

Patris interpres , fimilifque voci
Nata fecundo Genitoris ore ,
Vena virtutum , generofa pulchri
    Mater honefti ,

Ante formofi vaga regna cæli
Prima natales habuiffe cunas ,
Ante vagitus & anhela parvi
    Murmura Ponti.

Ante quàm Phœbi celerifque Lunæ
Vefper alternos revocaret ortus ,
Ante quàm montes , & opaca ftaret
    Montibus arbor :

Ante quàm Tellus , & aquofa Tethys
Regna diffeptâ fociaret undâ ,
Et cavas circùm fonuêre fluctu
    Litora cautes,

Cælibi Patris generata partu ,
Cælibi Patris generanda partu ,
Lumen , & verum femel elocuti
    Copia Veri,

Tu quater nexis elementa nodis
Molliter firmas , & iniqua magnæ

Bella Naturæ premis, & quaternæ
     Jurgia caufæ.
Tu tuos caufis imitata vultus,
Dividis toto fimulacra mundo,
Numinis formam ftudiofa vili ef-
     fingere limo.
Cùm Pater facro redimiret igni
Siderum crines tenerumque Solem,
Et rudes Lunæ radios honefto
     Comeret auro,
Pondus, & Leges, faciemque rebus
Ipfa fingebas : variæque rerum
Te penes Normæ, Numerique, & Ars, &
     Lucidus ordo.
Tu vagas zonâ cohibente ftellas
Aufa nafcentem religare Phœbum,
Aufa nafcentem nebularum amictu in-
     volvere terram.
Crefce, dicebas, fpatiofa crefce,
Fertilis frugum pecorifque, Tellus :
Hinc jugis, illinc medii dehifcant
     Vallibus agri.
Crefce, dicebas : fimul ipfa merfum
Erigit ponto caput, & refufis
Hinc aquis, illinc fteternat oborti
     Collibus agri.

M vj

Quæ fimul multâ tibi rifit herbâ,
Lætior celfas reparare fedes,
Arduum molita tholum volantis
    Nube columnæ,
Diceris vaftos equitaffe fupra
Nerei campos celer, & curules
Africi pennas fuper, & jugalis
    Terga Favoni:
Rurfus obliquo redeunte gyro
Iffe per fluctus, tibi navis ipfa,
Iffe per campos, tibi currus, aptis
    Ipfa quadrigis.
Docta fublimes peragrare tractus,
Docta terreftres referare vectes,
Orbis obfcænum chaos, & latentis
    Ultima mundi,
Clara te Lunæ ftupuêre templa
Sofpitem flammis iterare plantam,
Inter & nimbos & acuta ficci
    Regna Promethei.
Ad tuos lenis venit Aura frenos:
Hinc & hinc ignes, patienfque lori
Pontus, & tractas fine fraude Tellus
    Audit habenas.
Te Dies & Nox, & Hiems & Æftas,
Ver & Autumnus, properique Menfes,

Et leves Horæ, rapidoque cingunt
    Secula paffu.
Te vehit claro Cynofura plauftro,
Te nec iratâ Mare fiftit undâ, aut
Pertinax Euri furor, aut inelu-
    ctabilis Auftri.
Nec minax Cauri Zephyrique frater,
Cùm truces iram ftruit inter imbres,
Aut freto pulfum Boream vadosâ op-
    pugnat arenâ.
Te renafcentis videt ora Phœbi,
Quæ vel excuffo glomerata fluctu
Lora, vel currum pelago cadentem
    Audit Ibero;
Quæque devexo tegit aftra nimbo,
Quæque fublimis fpeculatur Urfæ
Hifpidas arces, & inhofpitalis
    Frigora Brumæ.
Jamque mortales fimulata cultus
Inter humanas manifefta turmas,
Barbaram gaudes lepido catervam
    Ducere ludo.
Inter & cœtus folidamque plebem
Libero geftis volitare greffu, &
Ire per vicos, populique denfas
    Ire per urbes.

Utilis morum , placidèque fortis
Certa permiffi dare jura recti , &
Siderum folers , patrioque mentem
    Didita cælo.

Qualis umbrosâ Libanitis aurâ
Cedrus , aut læto cyparissus amni,
Qualis attollit caput e Cadanis
    Silva viretis :

Qualis Eois rosa regnat hortis,
Aut Idumæis opulenta baccis
Palma , quam præterfugientis humor
    Educat unda.

Vere tu vincis veniente flores :
Vincis Autumno remeante vites.
Vincis & succos , & odora Medi
    Vulaera trunci.

Myrrheas vincis lacrymas, & udos
Balfami rores , & inevolutos
Cinnami libros , volucremque ficci
    Corticis auram,

Pampinus multâ tibi cedit uvâ :
Cedit effufus terebinthus umbris,
Ver & Autumnus fimul os decoris
    Extulit arvis.

Sceptra te circùm , Trabeæque, & altæ
Turba Fortunæ, famulique retro

Nimbus argenti fluit & frementûm
    Vulgus Honorum.
Prona te longè coluêre regna,
Et per infignes gradientem & imos,
Et minas Regum fuper, ac Tyrannorum
    Ardua colla, &
Pauperum cœtus, humerofque vulgi
Ire fublimem. Tibi lætus afer,
Et pedum Maurus minor, & fupinis
    Sarmata palmis
Scuta deponunt. Tibi Chima nuper,
China non notæ dominator actæ,
Et ferox Japon, & Arabs Latinis
    Accidit aris.
Commodet raucus tibi fiftra Nilus:
Te fonet pulfis Arimafpus armis.
Te Lyci potor, vitreique dicat
    Civis Enipei:
Prodigus laudes tibi fundat Ifter
Oftiis feptem, tibi manet ingens
Tibris, immenfaque vehat fonorum
    Mole tributum.
Tuque neglectas miferata gentes,
Nuper heu! fœdis malè pulfa rixis,
Caffa bellorum refer, heu! pudendis
    Otia terris.

Si tuam votis veneramur urbem
Omnis Europe, Latiumque fupplex
Prona certatim. tulimus quaternis
    Ofcula portis.
Pelle vefanas, Dea, pelle cædes,
Quæque vicinis agitata pugnis
Bella duravêre fonora crudo
    Secula ferro.
Neu nimis nòftris inimica culpis
Oderis cerni : dominamque Romam
Nubium curru fuper, & nivofis
    Vife quadrigis.

ODE VII.

AQUILÆ RADIVILIÆ

Nuptialis Pompa.

AD PRÆSULEM VILNENSEM.

Dithyrambus.

Surge Musa nuptiales,
   Æmulata voce plausus.
   Per feracis arva Vi'næ
   Quære flores, carpe frondes:
   Carminumque mille feta
Vere pulchro cinge, pulchro rore sparge tempora.
   Parce nunc Horatiano
   Alligare verba nodo:
   Parce. Molliora blandi
   Quære plectra Claudiani:
   Mitte bella, differ arma,
Hospitisque dithyrambi voce Vilnam persona.
   RADIVILÆ stemma ceræ
   Alitem Jovis ministrum,
   Qui per auras, qui per ignes,

Mille gyros, mille tractus
Remiges fatigat alas,
Barbitique carminumque voce, cælo devoca,
Ales armiger Tonantis,
Blande fulminum fatelles,
Mitis ignium Tyranne,
Nubiumque turbinumque
Linque ferus officinas,
Carpe frondes, & paterno sterne nidum stemmati,
Carpe flores, quos maritis,
Parturivit A L B A campis:
Carpe frondes, quas paterni
Educavit unda Chroni:
Quæ vel adbibêre Vilnam,
Vel propinqui lene murmur audiêre Vilia.
It volantis aura prati,
Nexilis florum procella
Pingit Euros, & remixti
Liliis fluunt acanthi:
Ludibundi veris imber
Spargit arva, fpargit urbes, tecta fpargit urbium.
Ille nubium viator
Pulcher ales, ut virentem
Nube dividit pruinam!
Proque grandinum molesto
Dejicit ligustra nimbo,

Et rofeta pro rubenti rubra jactat fulmine.
 Jactat herbas, quas jocantis
 Ludit inter ira venti,
 Quas adhuc feveriore
 Ore Bruma non momordit,
 Sed Favonius tepenti
Fovit ore, fovit udis Æolus fufpiriis.
 Ite, bella, quæ cruentis
 Ira colligat catenis,
 Perque viva regna Floræ
 Nuptialis infolenti
 Vere frondeat November,
Quà maritus alba calcat, quà marita lilia.
 Æftuantis arva ponti
 Vexet innocenter Eurus:
 Ad fugacis agmen undæ
 Ter quater reverberatis
 Aura rideat cachinnis,
Ludicri fluenta perflent fibilis Etefiæ.
 Magne Præful, quæ profano
 Ominamur ore vates
 Aufpicata verba, facro
 Omineris ore Præful,
 Littavæ fidus coronæ,
Littavi lumen Senatus, Sol WOLLUVICIADUM.
 Sit perennis ille torrens

Illa vena jugis auri,
Eloquentis ille linguæ
Amnis irriget Senatum.
Architecta gratiarum
Illa longum verba pronis imperent Quiritibus.

ODE VIII.

Publicæ Europæ calamitates.

Nec satis est nos posse mori cùm fata reposcunt,
  Aguntque morbi lucis & vitæ reos.
Ipsi etiam exiguum bellis commisimus ævum,
  Omnesque ferro rupimus levi moras.
Ipsi ultro in strictos adversi incurrimus enses,
  Et mutuum cadendo laudamus nefas.
Jamque adeò pulchræ populos rapit ambitus iræ,
  Urbesque longâ pace defungi pudet.
Regna placet gentesque suæ miscere ruinæ,
  Fractique subter orbis occasu mori.
Jam Rhodanusq; Padusq; atq; ingens Albis, & ingens
  Rhenus cruentâ decolor ripâ fluit.
Jam tria lustra metunt rubras de sanguine fruges;
  Nec dira avaram terruit falcem Ceres.
Nec minùs incertos metimur fine finibus agros,

Et muta ftricto Jura fub ferro filent.
Interea miferum gladiis divifimus orbem :
  Et cum triumphis caufa vel præda deeft ,
Barbara longinquum poft æquora quærimus hoftem ,
  Mundufque Reges inter incertos labat.
Scimus & occulto pacem prætexere bello ,
  Dum victa feffis arma refpirant minis :
Ingeniumque jocis , rifu corrumpimus iram ,
  Felixque tractat arma Virtutis Dolus.
Hoc etiam placuit ftricto fatis effe negare
  Perire ferro , ni parùm crudelibus
Addimus ingenium fatis , habilique veneno
  In nos cruentam mortis armamus manum.
Ergo iterùm (pro trifte nefas ! pro dedecus , & jam
  In fe cadentis ultimum mundi fcelus !)
Fraude malà parvi fpatium contraximus ævi ,
  Per heu ! tacenda pulverum contagia.
At meliùs (fi tanta brevis faftidia vitæ
  Et una leti cura mortales habet)
Omnia terrarum , Superi , convellite clauftra ;
  Omnefque diffipate litorum moras.
In nos , rupta ruant fundo maria omnia ab imo :
  Trifulcus in nos igneà miffus manu ,
Quà fcelerum duxêre viæ , ruat ignis : & unà
  Hinc fe Sicano Balthis impingat mari :
Inde Calędonium fefe committat Ibero ,

Euxinus illinc Adriæ jungat latus.

Hæmus & ignotæ lateant fub fluctibus Alpes;
   Mœotis altum mergat Atlantis caput.

Omnia fint unus magnarum campus aquarum,
   Nullique latam limites signent humum.

Et maria , & magni perdant fua nomina montes;
   Dum mergat omne Tethys humanum genus.

At, Superi (nam vos & tunc mortalia tangent
   Perire noftrum fæpe non paffos genus :)

Tunc aliquâ de gente pium fervate nepotem ,
   (Sed ille gentis nefciat mores fuæ ;)

Deucalioneis iterùm qui credulus undis,
   Ingens in una feculum fervet trabe.

Nam fimul agglomerans fefe fuper Amphitrite
   Humana terris eluet veftigia ,

Jam parcente Deo , jam fubfidentibus Euris ,
   Jam fe refufo temperante Nereo ,

Incipient fummi paulatim emergere montes ,
   Rarofque primùm margines æquor pati.

Ilicet ex omni rupes affurgere ponto ,
   Terrafque circum curva lunari freta.

Tunc , vagus oblitos ubi fol refpexerit agros ,
   Novis aprica floribus pingi juga :

Tunc raræ circùm campis nutare cupreffi ;
   Tunc omne lætâ fronde veftiri nemus.

Jamque fuas inter decurrere flumina valles ,

Et arva puris murmurare fontibus.
Protinus ex una redeuntia secula puppi.
Latè patentes orbis implebunt plagas,
Et virides ripas ac molle sedentia latè
Ramalibus vireta distinguent casis.
Sed tellus communis erit : sed nullus avaris
Stabit colonis arbiter fundi lapis.
In commune fluent sancti sine nomine fontes,
Nascentur omni liberæ fruges agro.
Tunc bona prospicient purgatas sidera terras,
Tunc ægra nullo sole pallebit Ceres.
Non Aquilo graciles, non eruet Eurus aristas ;
Sed innocentes & calore languidi
Mulcebunt violas ; mulcebunt lilia soles ;
Omnique lenis annuet vento seges.
Vina fluent vulgò rivis, felicia vulgò
Per rura current lacteo fontes pede.
Sponte suâ dulces saliens in pocula lymphæ,
Sincerus & sævice nescius liquor.
Ergo suâ quivis luxum non noscere mensâ,
Suoque dives esse nec magno sciet.
Nam neque marmoreas ingenita testa columnas,
Nec æreas delubra lassabunt trabes.
Frondibus implicitæ texent palatia silvæ,
Aramque Divis cespes aut saxum dabit.
Sed pietas tunc major erit, cum testibus astris,

Infons fub alto turba degemus Jove.
Aurea tunc veftis fanctum texiffe pudorem;
   Tunc mollis oftro menfa mufcofus lapis.
Nectar erunt hauftæ puris ex amnibus undæ,
   Lectæque ramis aut humo dapes erunt.
Potus erit viciffe fitim ; fpectacula , coram
   Mifcere fanctos fimplici rifu fales.
Mox choreæ , mox jucundi per gramina ludi ;
   Et lætus ac fecurus in turba pudor.
Apta dabunt feffis virides umbracula rami ,
   Herbofa molles ripa præbebit toros.
Non impendebunt placidis laquearia fomnis ,
   Sed alta mundi figna labentur fuper.
Et vaga præbebunt pictæ fpectacula noctes ,
   Velox euntis fcæna dum tranfit poli.
Interea tacitam non rumpent arma quietem ,
   Raucique pulfus æris , aut murmur tubæ.
Non dubias navale nemus defcendet in undas :
   Non ulla puppes bella trans pontum vehent.
Omnia pacis erunt : totam venatio ferram ,
   Et innocens telluris infumet labori :
Et ne belligeris iterum grave cædibus aurum
   Laboriofus eruat lutri furor ;
Ipfa tibi incumbens concuffa pondere mundi
   Condet profanas altior Tellus opes.
Quò me dulcis agit longe dementius cantu ?

                             An

An & poëtas feculi rapit furor ?
Et nihil, aut tantùm everfo promittere feclo
    Acerba fati vis & irarum finit ?
An lacrymas longo flendi corrupimus ufu,
    Et ftultus ipfis ridet in malis dolor ?
Quicquid id eft, tamen arma pii depónite Reges :
    Nudate primi publicum ferro latus.
Primi animos, primi focias conjungite dextras ;
    Et veftet omnes alliget gentes amor.
Pugna fit hæc tantùm, junctos concordibus aris
    Quis fanctiore Cælites voto colat ;
Quis meliùs prifcas compónat legibus urbes ;
    Quis æquiore temperet fceptrum manu :
Cujus pulfa priùs populos Aftræa revifat,
    Tutoque pulfet Veritas aulam pede.
Non placeat Virtus pretio, non Curia cenfu,
    Non infideli. fepta Majeftas metu.
Jura voluptati fanctum præfcribat Honeftum,
    Piafque leges utili Juftum ferat.
Sic olim quod Mufa gravis promifit Horati,
    Præftabit ævum certior Regum fides.

ODE IX.

AD ILLUSTRISS. D. JANUSSIUM
SKUMIN TYSKIEWICZ
PALATINUM TROCENSEM,

Capitaneum Turborgenfem, Novonolenfem
Braslavienfem, &c.

QUATUOR LEUCÆ
VIRGINIS MATRIS,

feu publica ac folemnis ad Ædem divæ Virginis
Matris Trocenfem Proceffio.

Prima leuca feu Ponari.

Imus? an fruftrà, fugiente brumâ
Omnis Aprili via rifit herbâ?
Et cavæ valles, viridique lucent
  Arva fereno.
Imus. Infcriptæ finuofâ Divæ
Signa jam lenes rapuere venti;
N vetent rumpi, revocentque tenfi
  Serica funes.

Interim pictis taciturna nusquam
Pompa sub signis fluit. Illa magni
Te MARIS STELLAM, dubiisque, Virgo,
    Sidus in undis.

Illa nil sancti dubiam pudoris.
Te canat matrem, facilemque clausi
Ætheris portam. Tibi præpes alti
    Civis Olympi

Hinc & hinc pressis reverenter alis
Attulit pacem. Tibi magna pacem
Debeat Tellus, melior reversi
    Nominis Eva.

Tu graves demes populo catenas
Tu diem pulsa revocabis umbra,
Tu bonis pelles mala, læta mœstis
    Fata reduces.

Esse te magni populus scietur
Numinis matrem, modo nulla per te
Vota non unquam Deus obstinata
    Respuat aurea

Mitis, & blanda prece singularis
Virgo placari, scelerum solutos,
Et bonos recti, vacuosque noxæ
    Suggere sensus.

Integram nobis sine labe vitam
Prosperam nobis sine clade mortem

              N ij

Et facros Nati genitrix tueri
 Annue vrdtus.
Hæc ter alterao modulata cantu
Turba, carpemus viridis Ponari
Rofcidas valles, & amœna præter
  ; Arva vehemur.

ODE X.

Secunda leuca feu Vaca.

Protinus, Virgo, tibi longa laudum
Pompa ducetur, ubi fe recurve
Collium flexu viridis reducit
 Scena Theatri.
Audient magnæ titulos Parentis
Pinei montes, Viliamque circùm
Ter repercuffæ recinet MARIAM
 Vocis imago.
Audient colles, & opaca longè
Colla fubmittent, trepidæque circùm
Attrement pinus, humilique fupplex
 Populus umbrà.
Sed priùs magnum tripliti Tonantem
Voce placamus : placidumque Chrifti

Pectus, & noftris vacuam querelis
    Flectimus aurem.
Inde ter, fancto redeunte cantu,
Sancta clamaris : nemorumque rurfus
Murmur, & fractæ referet MARIAM
    Vocis imago.

Te fuâ geftit genitrice Numen,
Virginum Virgo : genitrice geftit,
Quifquis optatâ tibi cumque carus
    Vefcitur aurâ.

Cafta tu pulchri genitrix amoris ;
Tu fpei mater : tibi plebis almi
Campus Edeni, facilifque vitæ
    Germinat arbor.

Tu domus Veri : tibi certus uni
Aureas æther referare valvas
Gaudet : æterni geminant tibi fu-
    fpiria colles.

O potens olim profugos tueri
Civitas fontes ! decus o Sionis !
O Dei præfens domus ! o repofti
    Fœderis arca.

Sive tu purum fine fraude vitrum
Confulis formæ, reficifque vultus ;
Blanda feu triftes imitaris inter
    Lilia fpinas.

Sive præfago Gedeonis atrò
Vellus haud ullo temeraris imbri,
Uda cùm circùm madido laboret
     Area cælo.

Seu seges circùm crepitante flammâ
Pulcher exuri rubus, & paventes
Increpas ramos, foliifque læto
     Ludis in igni.

Inde Jeffæi folium nepotis,
Virgo, fe toto tibi fternit aufo.
Hinc tibi furgit fuperas eburnâ
     Turris ad auras.

Te fuas, Virgo, fimulant refufa
Mella per cellas : & amœna ferum
Rura, quæ muris gelidique claudunt
     Fontibus horti.

Hic tibi furdas fuga lenis Euri
Excitat frondes, ubi purus undæ
Humor occultâ nemorum volutus
     Murmurat umbrâ.

Hic cadens levi tibi lympha lapfu
Præfluit valles, & aperta prata
Inter, impellit violas perenni
     Aura pachianq.

Tot tibi, Virgo, bona liberali
Defluunt cælo : tibi tanta terris

Labitur semper renuente sisti
 Gratia rivo.
Tu polo missas pia cymba fruges
Acta longinquo vehis institori:
Tu diem ducis, placidoque mane
 Lumine rides:
Qualis Eoos ubi tollit undis
Lucifer currus, roseisque loris
Undat, errantes per aquosa ludunt
 Cærula flammæ:
Qualis aut Phœbe radiante plenum
Lucet argento: mare qualis intrat,
Aut mari surgit rutilus diurno
 Phœbus in auro:
Quale, dum puro taciturna cælo
Siderum se fert acies; per omnes
Ignium rimas nitidi renident
 Atria cæli.
Quod tibi nomen, pia Virgo, summa
Voce dicemus? solium superni
Audies Regis radiare magno
 Majus Olympo.
Quicquid es, quicquid bona mater esse
Et cani gaudes, manibus remulce
Quem manu gestas, Puerumque nobis
 Flecte Tonantem.

 N iv

Nos tuâ tutos prece fervet Infans,
Si tibi primæ geniale noxæ
Crimen exemit, placidoque juffit
    Sidere nafci.

Si tulit vero puer ales ore,
Te nurum Cæli fore : fi pudici
Nil minor floris genitrix feverâ
    Lege piaris :

Si nihil terris, gelidive debes
Legibus leti, choreafque Divûm
Inter & plaufus, repetis fequaci
    Aftra triumpho.

Ille qui leni pede pulfat altos
Siderum campos, viridefque ftellas,
Lucis intenfum jubar inter, inter
    Lilia ludit

Agnus ; heu noftris onerata culpis
Colla reflectat, leviterque moto
Ad preces cornu, mifero quietem
    Annuat orbi.

Hæc ter effati, PIA figna campis
State, dicemus : pia figna campis
Protinus ftabunt, gelidi fecundum
    Flumina Vacæ.

Signa clementi rapit aura flatu,
Nos labor curtæ dapis, Ille menfam

Textili lino fuper, hic virenti
    Cefpite ponit.
Promunt fimplex penus, & fupine
Concha fanceri falis e caniftro :
Faginus juxta fcyphus, innocentis
    Arma Lyæi.
Sunt, & antiquo quibus herba circum-
Fulget argento, pofitofque Vaca
Pone cratéras fugiente præter
    Frigerat undâ.
Hinc dapes, illinc cyathos coronant
Sutiles herbæ : mihi Solis æftum
Eximet parcè cichorea fparfo,
    Mitis olivo.

ODE XI.

Tertia leuca feu Vicus Galli.

Jam vetat lentas properata menfas
Hora : furgamus : rapido ruit de-
clivis e cælo, geminatque pronus,
    Surgite, Vefper.
Sægimus. Rurfum tibi, Virgo, campis
Signa velluntur : tremebunda limbis,
           N v

Aura colludit, graciliſque tenſas
 Diripit Auſter.

Tum quibus partâ dape non dpiendæ
Vocis acceſſit bona pars ; O alma
Numinis, ſalve, genitrix ; fidelis
 Turba canemus.

Dum ſuas debet lapidoſa Vaco
Viliæ lymphas : tibi magna laudes
Mater & plauſus, & utràque debet
 Carmina ripâ.

Illa quæ circûm geminis Getarum
Rura federunt opulenta clivis
Sunt tibi bello monumenta parti,
 Diva, triumphi.

Quâ lyrâ, vel quo ſatis ore dicam
Iſſe captivos Litalis Gelohos,
Inclytum prædæ decus, & tropæum
 Nobilis iræ ?

Cùm ſerox belli, duce te, Vitoldus
Bis ter exegit gladium per omnem
Victor Auroram ; tumidique fregit
 Cornua ponti.

Quantus ingentem clypei ſub umbrâ
Texit Europen, Aſiæque quâ ſe-
cumque tempeſtas daret, atque ab omni ef-
 funderet Iſtro.

Rectus Eoùm stetit in procellam ;
Qualis armatas hiemes , & omnem
Sustinet Calpe Thetin , atque inexpu-
     gnabilis obstat.
Quantus hinc latò metuendus atque hinc
Limitem ferro secat , & decorâ
Cæde formosus , mediâque Hudum
         Pulcher in irâ.
Ardet ! Hibernos velut inter imbres
Ardet Orion , ubi traxit omni
Astra vaginâ , rutilusque strictò
         Fulminat igni.
Ille seu pictis equitatu Bessâ
Arva permensus , gelidumque Volgam ;
Sive Pellæas bibit insolentem
       Phasin ad aras :
Barbaros templis Tibi victor arcus ,
Virgo , suspendit : Scythicosque cinctus ,
Et Tibi sacrò clypeorum acervos
         Ussit in igni.
Alta scit Taphri domus , & potentis
Sarbaci versæ meminêre turres ;
Rupta cùm Thracum quateret tremendo
      Castra tumultu.
Ille dum denso jaculorum in imbri
Hinc Dahas , illine ageret Gelonos ,

Ipſa, nimborum cuneis & omni ac-
 cinſta tonitru,
Turbido latè manifeſta cælo, &
Ter quater tortas jaculata flammas,
Ignium curru ſuper & rubenti
 Nube tonabas.

Senſit Euxini tremuitque lævum
Litus, & motæ crepuêre rupes,
Ter quater nigram retegente ſævâ
 Luce Mæotim.

Senſit, atque ipſos Tanais pavens re-
fugit in fontes : dubitante ripâ,
Subſtitit paullùm, trepidoque Phaſis
 Palluit auro.

Sic ames noſtris, bona Virgo, ſæpe
Hoſtibus noſci : Tibi ſic per omnes
Viliæ ripas Litali reponant
 Signa nepotes.

Sic ab extremo Tibi victor Oceâ
Arma de victis referat Suanis,
Et novas ſolvat nova vota LADI-
 SLAUS ad aras.

Hæc & alternis geminata votis
Plura dum ſicco canimus ſub æſtu,
Obvium feſſo nemus hoſpitali
 Excipit umbrâ.

Ludor ? an mollem foliorum ad auram
Lenè vocales modulantur alni,
Et leves lymphæ, trepidique grato
    Murmure rivi ?
Ipfa Te, Virgo, fonat alnus : ipfa
In tuas vivax falit unda laudes ;
Audit & longè tua difcit ipfe
    Nomina lucus.

ODE XII.

Quarta leuca feu **TROCI,**

ULTIMUS reftat labor altiores
Ire per lucos, & aprica circùm
Stagna lunari, tumulofque lento
    Vincere cantu.
Hic, Tibi cafto Salomonis ore
Dictus, ad fanctas hymenæus olim
Nuptias, mutum nemus & filentes
    Perftrepet alnos.
Quod tuis, Virgo, bene dormit ulnis,
Sola fopitum potes ofculari
Numen, & flammas animæque fanctum
    Sugere florem.

Sola fragranti melius Falerno
Uber aftringis, quoties ab imo
Corde fpiravit genialis intimæ
    Halitus auræ.

Mille Phæacum, Cilicumque mille,
Nympha, Te circùm volitant odores:
Blandus hic cofti liquor, inde pinguis
    Sudat amomi.

Sola Te mulcet tamen aura, fi qua
Dulce fpirantis venit ore Nati,
Cujus illinc Tibi fene nomen
    Manat olivo.

Sive Bacchei Tibi forte fucci
Regis arcanæ patuère cellæ,
Regis arcano meliora ducis
    Ubera vino.

Sive diffufis oluère nardis
Regis inftructæ Tibi, Nympha, menfæ;
Regis optatos Tibi nardus una
    Spirat odores.

Si Palæftino metis in vireto
Myrrheos flores; tua folus ille
Nexilis myrrhæ religatur inter
    Ubera nodus.

Si Tibi dulces amor eft racemos
Pinguè gemmanti refecare Cypro

Unus e multis Tibi ridet ille,

    Virgo, racemus.

Solis æftivos licèt inter ignes

Hinc & hinc latis fpatiofa ramis

Pinus, & pròba Tibi fe reclinet

    Frondibus ilex:

Sola te mulcet tamen æftuantem,

Si qua frondosâ cadit umbra malo,

Cujus ab durâ Tibi Natus olim

    Fronde pependit.

Plura dicturis procul e Tirocinis

Arcibus turres, placitufque dudum

Virgini collis, mediâque templum

    Apparet in urbe.

Protinus votis genibufque fupplex

Sternimur vulgus, quater, ALMA, falve,

Virgo, dicturi: quater illa motis

    Annuit aris.

Virgines jam tum puerique, Divæ

Supplici frontem redimite cerâ, &

Virginem gratâ Puerumque laudis

    Dicite rixâ.

      VIRGINES.

Ceteris ornant moritura frontem

Serta: Te, Virgo, moriente nunquam

Flore Carmelus tegit, & perenni

Fronde coronat.

PUERI.

Ceteri frontem metuente demi
Implicant auro : Tibi concolori
Luce nativum capitis, IESU,
    Fulgurat aurum.

VIRGINES.

Qui Tibi, Virgo, per eburna vidit
Colla diffufos fine lege crines,
Regiam tingi trabeam rubenti
    Vidit aheno.

PUERI.

Qui Tibi vidit niveis, IESU,
Hinc & hinc fparfos humeris capillos,
Vidit elatas tumulis Idumes
    Surgere palmas.

VIRGINES.

Quale ridenti radiant Sereno
Semper illimes Hefebonis undæ,
Tale connives oculis jocanti,
    Diva, puello.

PUERI.

Lacte perfufæ veluti columbæ
Vitreas femper fpeculantur undas,
Sic in intactà retines, IESU,
    Lumina Matre.

VIRGINES.

Cui genas, vel cui fimiles canemus
Virginis vultus? Similes canemus
Punico, cùm per fua lucet ultrò
    Fragmina, malo.

PUERI.

Cui genas, vel cui fimiles canemus
Parvuli vultus? Similes canemus
Areis, quas Sol variæque fcribunt
    Floribus Horæ.

VIRGINES.

Atticos longè redolere fuccos
Dicimus, Virgo, quoties diferta
Lenè ridenti Tibi mella manant,
    Lenè loquenti.

PUERI.

Lilium JESU niveis hiare
Dicimus labris, quoties odora
Dulcè ridenti Tibi myrrha fpirat,
    Dulcè loquenti.

VIRGINES.

Mille quod telis clypeifque tecta
Turris adverfo micat icta Soli,
Matris, adverfo, micuère longè
    Colla, Puello.

PUERI.

Quod Therapnæi breve vet Hymetti,
Quod Palæstini sapiunt liquores,
Matris e collo sapiunt reclinis
　　Colla Puelli.

VIRGINES.

Quo Tibi, Virgo, maduêre succo
Virgines palmæ? maduêre succo,
Qualis in siccas lacrymante myrrhâ
　　Liquitur herbas.

PUERI.

Quis tuis fulgens hyacinthus ardet,
O puer, palmis! hyacinthus ardet,
Qualis aut sceptri sedet, aut corusca
　　Arce coronæ.

VIRGINES.

Quæ jugis Cretæ viridisve Cypri
Tanta Lesbois fluit e racemis
Quanta maternis Tibi, Virgo, manat
　　Copia mammis?

PUERI.

Quis vel Hybleas odor inter herbas
Tantus aspirat, Cilicumve rura,
Quantus aspirat tua dulcis inter
　　Ubera, IESU?

VIRGINES.

Zona quæ fluxam vetat ire pallam,
Flavet intextâ Tibi, Virgo, fruge,
Quam pudor circùm niveoque stipant
  Lilia vallo.

PUERI.

Quæ Tibi cinctus revocat rejectæ
Vestis, arcanis vigil est eburna,
Zona sapphiris, tacitoque pectus
  Circuit igni.

VIRGINES.

Cùm levi plantas cohibente socco,
Virgo stellantem graditur per aulam,
Æream credas aciem canoro
  Ire triumpho.

PUERI.

Crura cum picto religavit ostro,
Et stetit celso Puer ore; credas
Ponè suffixo geminas in auro
  Stare columnas.

ODE XIII.
AD DIVAM VIRGINEM
CLARO-MONTANAM

Pro Illustriffimo Staniflao Lubienfki, Epifcopo
Plocenfi VOTUM.

O DIVA clari gloria verticis,
Cui dedicatis effigies nitet
Circùm tabéllis, & fuperba
    Ture calent precibufque templa;
Paullùm reducto Mafoviam, bona,
Dignare vultu, quà vehit inclytis
Electra ripis, & refufo
    Narvia luxuriatur amni.
Latè potentem Lubieni diu
Serva tiaram, feu Tibi Plociis
Affufus aris mille facrós
    Afferit indigetatque myftas;
Seu literato plurimus otio
Mufifque pallet; feu petit avii
Amœna Vifcovi vireta, aut
    Pultopolin, viridemque Brocum;
Serves egenti Neftora Lechiæ, &

Inter togatas canitiem fine
Virere curas. Non tepentis
  Non gelidi grave tempus anni,
Non ficcus illum Sirius, aut madens
Orion afflet; dumque tuo pius
Se ponit in vultu, falubrem,
  VIRGO, tui trahat oris auram.
Sic ille facris pulcher in infulis
Te fæpe placet: sic ego Te novis
Redorfus exornem Camenis,
  Dum celeris redit orbis Anni.

ODE XIV.

Inclytæ Lubienarum nobilitati facrum.

QUONDAM revinctus Palladiâ caput
Sacrum coronâ, carus Iafoni
Vates, inexperto chelydri
  Mortiferi perituris ore,
Inter Pelafgos Ampycides ftetit;
Tiphynque nondum gurgitis arbitrum,
Juffit per obftantes procellas
  Fatidicam celerare Pinum,
In tranftra fratres Tyndaridæ ruunt;

Fluctufque verrit grandior Hercules ;
Et Mercuri proles Echion
   Theffalicos glomerat rudentes :
Frater tenaces Eurytus ancoras
Proramque fervat, nec Boreæ genus
Alas reformidans paternas
   Vela manu revoluta pandit.
Omnes parentûm nobilium decor,
Omnes Deorum progenie fati,
Incognitam Nymphis carinam
   Tandem avido pofuêre cælo:
Sic vos, aviti Laurea verticis
Quos fronde prifcâ cingit imaginum,
Lubinidæ magni nepôtes,
   Pieriam fubiiffe mecum
Gaudete cymbam : protinùs avlia
Sulcanda remis nubila ; protinùs
Lunæque Stellatumque & ultra
   Litora funt fubeunda ratis.
Nam qualis Orpheus Argolicam prole
Fixit carinam ; non aliter mea
Vos inferet cælo Thalia,
   Pectine non facili canendos.
Seu bellicofam Martius indolem
Accendit ardor, aymáque gentibus
Erepta victis reportans

Arma animis gerit, arma dextris:
Seu blanda tutis otia civibus
Conclufa Jani limina nuntiant,
Fafcefque victores clientûm
   Grex oleâ viridante cingit.
Quod fi receffus Pierii placent,
'Et non profanis cognita vatibus
Cortina, felices labores
   Pegafeæ venerantur undæ.
Intaminatæ quos fapientiæ
De fronte promunt figna Lubiniis,
Notata Ceris, omne dextro
   Surgit opus genio peractum.
Salvete, claræ fidera patriæ,
Noftroque vecti per mare barbito,
Curfu fatigatam carinam
   Stellifero fociate mundo.

ODE XV.

LAUS BUGI

In gratiam Illuſtriſſimi Staniſlai Lubienski,
Epiſcopi Plocenſis.

Non me dolóſo Salmacis alveo,
Non mixta Divis flumina Perficis;
Non merſus Ætoli Thoantis
　　Letiferis Achelous undis

Vocat canoro pectine Thracios
Laxare nervos; ponite murmura
Cydnique Pactolique, & altâ
　　Tibri pater metuende ripâ.

Cantabo Bugum, qui neque Sirium
Latrare circùm Viſcovium finit,
Lævoſque defendit vapores
　　Quos pluvio vehit Auſter anno.

O Buge, ſacris edite fontibus!
Quæ me Dearum Pieridum tuis
Haurire de conchis liquorem
　　Innocuæ patiatur undæ?

Quis preſſa longo cornua me finat
Levare muſco? quis fluidos finus

Rivoſque

Rivofque de mento cadentes
   Suppofitâ retinere dextrâ ?
O Buge terfo lucidior vitro !
Te nullus altâ lapfus ab ilice
Ramus, neque armenti petulci
   Ad niveas properantis undas
Perturbet error : non calido Notus
Te ficcet æftu, non Borealibus
Demiffa tempeftas ab oris ;
   Sed tepidæ leve murmur auræ
Perflet volentem, dum Cererem tamen
Domas rotarum mole volubili,
Meffefque Vifcovi feracis
   Vorticibus teris æftuofis,
Jucundiori Pierias fono
Mulcebis aures. Nunc, age, Narviæ
Concorde lapfurus fluento, &
   Mafoviis refer ifta Nymphis.
Si vera præfens vaticinantibus
Latous edit, credite, pofteri :
Non longa feclorum catena,
   Attonito dabit ore vatem,
Qui plena noftræ flumina gloriæ
Feret per urbes : non humili lyrâ
Cantuque vos olim Sonabit,
   Et cithârâ generofiore.

O

ODE XVI.

JOANNI CAROLO CHODKERICIO

*Palatino Vilnensi, & magni Ducatûs Lithuaniæ
exercituum duci contra Turcas, Dei O. M.
& B. Virginis Mariæ auxilium spondet.*

O ! QVI labantis fata Poloniæ
Rerumque frenos flectis, inhofpitos
Regni tumultus, & protervum
    Per populos equitare Martem,
Deliberato funere civium,
Gaudes tueri, nec lacrymantia
Per templa, per Divûm penates
    Perpetuâ prece fupplicantem,
Ingurgitatam fanguine Patriam,
Civefque belli pulvere fordidos
Paci redonas : quin vocantis
    Juftitiæ fceierumque vindex,
Quâ clufa furdis bella repagulis,
Cafifque vinctam carceribus Metum
Servas, inexpertamque fontes
    In populos meditare pænam,
Eliminato cardine Funera

Dimittis ie nus ! hinc frager hoftium,
Hinc detonabundas cohortes
   Threiciis furiantur armis.
At o ! precantis magna Poloniæ
Tutela, Virgo, pelle ruentem
   Turbam malorum & te tonantis.

    Juftitiæ moderans ignes
Et fæpe crudum fulmen ab igne
Furare dextrâ, cui virides tamen
   Palmas triumphalefque laurus
    Pro rabido fubicis tonitru.
Sic te recenti CAROLUS hofpitam
Invitat aulâ ; dum procul infonat
   Effeminatorum cetuſa

    Diluvies Othomanidarum,
Atque in reclivis colla Poloniæ
Ferruminatum ſtringit acinacem
   Acer Gelonus, præfes ādſis
    Sarmaticis, pia Virgo, caftris.
Dum mens honefti læta periculſ
Diffibulatum pectus æheneis
   Obvertet haftis, & patentes
    Miſſilibus jugulos fagittis,
Depræliranti robur, & hoftica
Exulceratis cæde phalangibus
   Vires miniftra ; quò fecundis

                O ij

CAROLUS aufpiciis cruentum
Perrumpat hoftem , more tricufpidis
Flammæ citatus , quem Patriæ color.
Per fulminatrices catervas
    Mittet amor , per acuta mittet
Defævientis fpicula Concani.
Sed dimicantem , Virgo , Ducem tua
Obvallet ægis , & fupremum
    Præfidium, tueatur aulæ.

ODE XVII.

AD B. STANISLAUM KOSTKAM

Pro incolumi Vladiſlai VI. Poloniæ Regis
e Badenis reditu anno MDCXXXIX
Votum.

CLARIſ Olympi civibus additum ,
O KOSTKA, fidus , marmoreas tibi
    Sacramus , & cerâ piifque
        Floribus accumulamus aras.
Te magna rerum Præfes , & aurei
Regina mundi , militiam fui
    Hortata non horrere Gnati,

Nec focias trepidare pugnas :
Pronàque Romam cùm peteres fugâ,
Texit labantem , præpetibus retro
    Quamvis adurgeret quadrigis
    Solicitus revocare frater ?
Hæc, dum trifauci Cerberus allatrat
Terretque riƐu , te dominâ fovet
    Firmatque dextrâ ! Ter minaces
    Tartareus canis egit iras ,
Ter ora retro vertit , & irritos
Damnavit aufus. Quid memorem piâ
    A Matre porrectùm , & recline
    Sidereis tibi Numen ulnis ?
Quali volentem , magne puer, Deum
Ludo moraris ! qualis amabili
    Blandiris arridefque vultu !
    Quo pariter tibi blandus ore
Refpondet Infans ! Non equidem tibi
Non credo lætum virgineo diu
    Collo pependiffe , & frequenti
    Ofcula congeminaffe rifu.
Non femper igni nubis In alite
Invifit orbem , Numinis horrido
    Succincta Majeftas tonitru ,
    Aut triplici metuenda telo.
Scit & minores fæpe Puer Deus

             O iij

Mutare formas, cùm meruit pius
    Simplexque candor ; cùm pudoris
        Lilia, virgineique mores,
Quales & olim Bethlemii casâ
Fecère nasci, mox & ovilia
    Implere vagitu, & jacere
        Pauperibus docuère cunis.
Quis ille verò se Superûm globus
Valvis aperti fundit ab ætherio ?
    Quæ clara tempeſtas repentè ? .
        Et liquidi pluit imber auri ?
Ridente cælo, pone minas, Thetis
Et tota prono suppliciter genu
    Procumbe, Tellus, sub minutu
        Ecce Deus, Deus ecce frugis
Descendit umbrâ, nil dubie cibus
Numenque KOSTKÆ. Qualis, io ! sacris
    Dapes adorantum reducto
        Cælituum ſtetit aula gyro !
An & frequenti te mediam choro,
Claris videndam, BARBARA, turribus
    Agnosco ? victricemque supplex
        Cerno procul venerorque palmam.
Sic eſt : ab ipso Virginitas rapit
Cives Olympo ! visitur undique ·
    Spectandus, ingentemque præbet .

KOSTKA Deo Superifque fcenam.

Quandoque purum raptus in æthera,
Et ipfe Divûm cœtibus intereft,
   Et pulcher immenfumque aperto
     Ore bibens animoque cœlum.
Fontique rerum immerfus, & intimo
Divinitatis naufragus in mari.
   Vifus repercuffe fereni
     Numinis irradiare vultu.
Quid mirum ? ubi illis vifceribus pius
Infedit ardor, quem nec anhelitus
   Lenis refrigeraret auræ,
     Nec gelidus cohiberet humor.
Flammata circum pectora rofcido
Fumante lino ; fic Amor igneus
   Dum pugnat adverfis, ab ipfâ
     Sumit opes animofque lymphâ.
Hæc tanto terris, cetera confcio
Arcana Virtus intulit æthari ;
   Quamvis nec afpernata pofthac
     Sæpe Lechos Litavofque noto
Spectare vultu, quem bona Fauftitas,
Et læta flavis Copia frugibus
   Præiret, & ficcis amicam
     Temperiem revocaret agris.
Invifceratæ diffugerent Febres,

Et Paſtor, & qui jam morientibus
Inſtabat, urgentiſque Leti
  Frigidus antevolabat horror.
Quantas patroni tegmine pallii
Servavit urbes, cùm malè pertinax
  Vulcanus undantesque celſis
   Turribus abſiluêre flammæ!
Quis fando pulſos enumeret Getas,
Cæſumque Thracem? quis memoret retro
  Actas Gelonorum phalangas?
   Quis ſubitam placuiſſe pacem,
Cùm jam reflarent claſſica claſſicis,
Turmæque turmis, & manibus manus,
  Et ſcuta ſcutis, tela telis,
   Enſibus objicerentur enſes?
Tui ſub umbrâ Nominis inclytum
Tutumque ſerva Sarmatiæ diu
  Regem LADISLAUM, labanti
   Præſidium columenque mundo.
Quacumque cæli parte tuos procul
Spectas Triones, ſeu volucer tui
  Te currus excepit Bootæ,
   Seu tepidi tenet ora Phœbi:
Non imber a te, non nebulæ gravi
Obſtent procellâ: reſpice Patriam
  Serenus Arcton; ſic coronet

, Sola piam tibi Roma frontem,
Interque Dîrûm numina grandibus
Infcribat aftris, & ftatuat facras
   URBANUS aras : tunc Latini
    Tota Dies, tibi totus Æther
Pompam triumphi trans geminos vehet
Et figet Indos. Cetera nil moror :
   Hanc oro feponant, neque olim
    Invideant mihi Fata lucem.

ODE XVIII.

AD ILLUSTRISSIMUM D. J. ZADZIK.

*Epifcopum Culmenfem, Supremum Regni Can-
cellarium, cum pace inter Polonos & Mofchos
ad Palanowkam confectâ, in Poloniam rediret.*

SCRIBERE magnis, Maxime, vatibus,
Orator alti pondere confili
   Momenta bellorum, & labantes
    Eloquio populos in æquam
Libraffe pacem : nos humili lyrâ,
ZADZICIANI nominis & fonum
   Et culmen infra, nec togatas
            O v

Carminibus tenuare curas,
Nec fracta Moschi fulmina prœliā
Parum canorā dicere ribā
   Audemas, aut regum tropæa, &
    Laurigeram memorare Pacem,
Quam luctuosæ calca Severiæ,
Omnisque latè ripa Borysthenis,
   Et Moschus, & super Borussus
    Compositis tibi debet armis,
Hæc & pedestres historiæ dabunt
Grandis LUBINI, nec venientibus
   Facundus invidebit annis
    Lipskius, aut facilis Gebicus.
Nos leniori dicere barbito
Jussère Musæ, quæ Polanoviæ
   Colonus oræ, per Viasmæ
    Culta Borystheniosque saltus,
Nixus recurvo carmina vomeri
Bis terque cantet. Jam video cavas
   Florere valles, & natantem
    Fruge novâ fluitare campum:
Jam læta rursus rura nitescere,
Ridere colles ; celsa meti juga,
   Ipsosque messores agresti
    ZADZICIUM geminare cantu;
Tum verò dulci fervere nomine

Valles & amnes. Quis Deus arium
   Mutavit e tanto tumultu ?
      Quis gladiis jaculisque falces ?
Non solus olim jurgia conficit,
Pugnatque Mavors. Sunt & idonea
   Bellis, & opportuna Paci,
      Palladi, Mercurioque tela.
Rarum cruentis definit ensibus
Et cæde bellum : sæpius ardua
   Regum secundavere cœpta
      Flexanimæ placida arma linguæ.
Regnisque fines, quos malè noxius
Describit ensis, certius innocens
   Metatur in chartâ volantis
      Penna stili tenuisque mucro.
Quem fas Honesti dicere limites
Et inter Æqui : quem ratio potens,
   Quem norma pernicie gubernat
      Consilii tacitumque pondus.
Hæc tela nunquam ponimus : hos Deus
Mortalitati mentis & ingeni
   Affixit enses ; nos ab altâ
      Eruimus alia arma terrâ.
Ferro vicissim cædimus & manu :
Tauris & ursis scilicet invidi
   Ungues cruentate, & minax

Vulnera congeminare cornu.
Haud parva laus est corpore languidum
Stravisse corpus ; sed potioribus
Triumphat armis , quisquis hostem
Parte sui meliore vicit.

ODE XIX.

AD R. P. SYLVESTRUM PETRA-
SANCTAM S. J.

Cùm eruditum Suum de Symbolis , annulis , nu-
mismatibus , sigillis , & emblematibus opus
in lucem dedisset.

Si non per arcus & Capitolia
Se pompa docti nominis explicet,
 Quacumque se fert, ipsa currus,
  Ipsa sibi populos sub alto

Cælo triumphat. Non tua se minùs
Attollit astris, nec minùs inclyta.
 Mosæque spectatur Sabique
  Dardaniâ procul urbe virtus.

Non tota vitæ, tota tamen tua est

Immenfa tellus patria gloriæ :
 Quocumque , Petrafancta , vectum
  Solicito tulit æne Rumor.

Te militaris ftemmata gloriæ ,
Et Romulorum fata Quiritium ,
 Gemmafque , natalefque ceras
  Exiguis cohibere chartis.

Ut fenfa docti pectoris , & notas
Miré loquaci pingis imagine !
 Ipfumque confpirere Pulchri
  Corpus amas animumque Veri !

Planéque ludens inde coloribus ,
Et inde verbis , mentibus affluis ,
 Ceramque partiris videndam
  Ingeniis , oculifque mentem.

Non folus album Sol aperit diem
Rerumque vultus : fcilicet ut Deus
 Res temperavit , rebus una
  Alterius color effe cœpit ,

Unoque gaudent protinus afpici
Et effe nexu. Quis caneret tui
 Cum pace delabentis agmen
  Eloquii , placidofque lufus ?

Si non Galefi vale fonantibus
Æquata ripis flumina currerent ;
  Nec fe per & valles & arva

Præcipiti pede ferret Almo?
Mentis quis illud fulgur, & ingeni
Citata dicat fulmina? ſi neque
    Percuſſus Atlas, nec rubenti
      Iſta Jovis tonat Ætna telo,
Nec ruptus æther, nec tonitru procul,
Rauco triumphum murmure mugiat,
    Nec rubra, diffiſiſque nimbis
      Crebra cito micat igne rima.
Pars illa mentis, quæ ſtrepitus ſuo
Curaſque Regum ridet ab angulo;
    Puroque, nec minùs ſereno,
      Quàm Superûm Pater ipſe, vultu
Humana ſpectat, quo faciem ſatis
Colore ducet? Pinge Liguſtico
    Regnare ſublimem profundo,
      Nec facilem trepidare Petram,
Quam ponè fracti exercitus Æoli, &
In ſe repulſas unda reſorbeat
    Retrorſus itas; et ſupernè
      Lilia, purpureique flores,
Et multa Veris copia rideat,
Lenique labens Lympha volumine,
    Et mollis atque occultus udis
      Murmuret e Violis Suſurrus.

ODE XX.

AD R. P. JOANNEM RYWOCIUM S. J.

Judicium de ætatibus prioribus & posterioribus.

Quæ nos, Rywocí, ferrea cladium
Damnamus olim fecula, pofteri
 Elapfa laudabunt, & aureis
  Moribus ac meliore cælo

Fluxiffe diceht. Plebis in auribus
Abfentis eft vis debilior mali:
 Quantumque paulatim finiftris
  Detrahit invidiæ vetuftas,

Tantum fecundis addit adoreæ.
Plerumque reges, quos procul æmulo
 Subducit e rerum theatro
  Confecrat indigetatque Virtus.

Sic & minoris nomen Achillei
Sacris adorat non fine lacrymis,
 Toto triumphaturus orbe,
  Rex Macedûm; Macedûmque Regi

Major triumphos, & genus invidet,
Et Cæfar aras. Splendidiùs micant
 Longinqua, mentitumque ducunt

Temporis a spatio colorem.
At qui per omne providus ac memor
Respexit ævum, jam melioribus
    Præire, jam post ferre, jam se
        Jungere deteriora vidit;
Magnàque quà se Mundus agit rotâ,
Humana verti. Cur ego lividâ
    Cum plebe, præclaro nepote,
        Semper avos atavosque laudem?
Quinto Secundus cur Carolo minor
Sit Ferdinandus? cur Decimo parem
    Non mirer Urbanum Leoni,
        Dardaniæ dare jura Romæ?

MATTHIÆ CASIMIRI
SARBIEVII
CARMINUM
LIBER SEXTUS.
SILVILUDIA POETICA.

SILVILUDIUM I.

CUM SERENISSIMUS VLADISLAUS VI.

Poloniæ Rex Berflos ad filvas venatum veniret.

L UCI virentes, & horrore facro
Umbræ filentes, animum regalium
Longo curarum æftu fluctuantem,
    Vos blandientes Auræ,
Sereniores Spiritus, venite;
Veftro benignè vultu tranquillate,

Silvæ.

Quicquid hic vides, certat
In tuum, Rex, obfequium.
Toltanæ Nymphæ, quæ cryftallinis
Uberibus tenellos alunt flofculos,
Argenteis occurrunt tibi pedibus.

    Alitum canora
    Examina te muficis
    Excipiunt concentibus :
    Tremulis arbor foliorum pinaulis
    Geftitque, nititurque,
    Ad te, fi queat, obviis
    Advolitare frondibus.
    Te flexa pinus fupplici
    Longè falutat vertice :
    Offufa florum agmina
    En auræ minifterio.
    Tuos demiffa pedes
    Furtivis libant ofculis.

SILVILUDIUM II.
AD ROREM.

Saltus Pastorum, cum VLADISLAUS Solecznikis
manè venatum prodiret.

I.

Placidi Rores matutini,
Qui sereno lapsi cœlo
    Mollia florum
    Versicolorum
    Ocellatis folia;
Qui florentibus in conchis
    Latè virentes
Æquore prati gemmulatis:

II.

Vigiles hortis ab Eois,
Floræ Rores alitores;
    Arida pratis
    Ora rigatis
Urnulis argenteis.
Vos Auroræ fulgurantis
    Tacitus imber,
Guttulæ cæli desudatis.

III.

Nitidum flavæ lac Matutæ,
Cùm luteolas papillas
  Tenero Florum
  Inferit ori,
    Odorati pupuli
Coloratis cum labellis
  Rofæ circum
Ubera matris nutriuntur.

IV.

Stellulæ Noctis decedentis,
Stillæ Rorum, cælî Rores,
  Sidera ruris,
  Sidera Rores
Flofculorum lacrymæ,
Cum madenti liquent ore,
  Diraque lugent
Funera Noctis occidentis.

V.

Antra petentûm vos feratum
Preffa vago figna pede,
  Limite fido
  Prodite Rores.
Certa per vestigia
Ad latentem venatores
  Ducite prædam,
Placidi Rores matutini.

SILVILUDIUM III.

Dum Vladiſlaus Kotræ venatur , Poeta & Aulici
ſub umbrâ conſidentium

D.I A L O G U S.

P O E T A.

TACITA ſilvia rupe latentem
Fallacis nulla populi ,
Sed Zephyri , populeo
Blanda ſuſurro , recreat aura.

A U L I C U S.

O ! vita nullis vitiata curis
Rura colentûm.

P O E T A.

Placido labens murmure Lympha ,
Smaragdinis argentea
Riparum clauſa pateris
Pocula præbet neſcia fraudis.

AULICUS.

Heu ! nimis duris lacerata fpipis
Purpura Regum.

POETA.

Perambulanti prata poetæ,
Virente Flora dexterâ,
Officiofa fuggerit
Stragula , verno piĉta colore.

AULICUS.

O ! vita nullis vitiata curis
Rura colentûm !

POETA.

Sæpe virentis frondis in umbrâ
Garritu captus avium ,
Fallacis aulæ umbraticos
Ore fereno ridet honores.

AULICUS.

Heu ! nimis duris lacerata fpinis
Purpura Regum
O ! vita nullis vitiata curis
Rura colentûm.

❦❦❦❦❦❦❦❦❦

SILVILUDIUM IV.

*Ad Auram ut labores & æstum temperet Vladislao
in campis Merecensibus sub meridiem
venanti.*

I.

Mᴇᴅɪᴜᴍ torquens Cynthius axem,
Gravis arcu jaculatur
Tela lucis aureo ;
Rutilo latrat
Sirius aftro,
Nec venatûs Regi
Cedit labor : tantus amor,
Tanta repertæ gloria prædæ.

II.

Igneus acres
Fert Moloffos impetus.
Crebra volant tela manu,
Ora tepenti fparfa liquore,
Corda calenti laudis amore,
Face fervent geminata :
Creber artus halitus
Quatit anhelos.

I I I.

Auræ molles , lenes Auræ ,
Zephyri , formofa Natio ,
    Adminiftra Chloridis ,
Et fupremum jam diei
Exfpirantis halitus ,
Cùm Nox , Lucis filia cæca ,
    Sævâ claudit
    Lumina dextrâ :

I V.

    Mobiles Auræ ,
    Vernulæ Tubicinæ ,
Odorata quæ mifcetis
Pratigenarum prœlia Flqrum,
Languida viftæ lacryma Noftis ,
    Matutino quæ proflatu
    Gelidæ reftinguitis
    Volucres Auræ.

V.

Deliam veftro flamiqe flammam
Temperate Venatrices.
    Vos algente dextrâ ,
    Rore madentes
    Tergite frontes.
Telis alas addite :

                   Catulorum

Catulorum venatorum,
Curfui veftras indite pennas.

V I.

Forte virenti
Si locarent gramine
Fessa longo membra curfu,
Undique lectos ruris odores
Spiritus illis florifer afflet.
Vos ridentes ora circum
In amica pellite
Ofcula, Flores.

V I I.

Sic per amœnas æquoris öras
Curfu vos argenteo
Cærula vectet hofpita Tethys:
Sic per arva volitantes
Vos tenelli lufitantes
Ofculentur Flofculi

P

SILVILUDIUM V.
CANTUS.

*Poëta prata ac silvas perambulat, dum Aulici
vēnatui vacant,*

SEU

Caleſtis Amoris amœnitas.

I.

FLORIPARENTES Herbæ,
Pratorum aſtra, Flores,
Vallefque nemorofæ,
Gemmæque florum Rofæ,
Vos mea circum dio,
Alata mens amore,
Lectura campis volitet
Divini mel amoris.

II.

Impreſſa magni Numinis veſtigia,
Et divinæ fimulacra formæ
Vos, vos mihi oſtenditis.
Vos ora, vos vultum Dei,
Quem ludibunda pinxit

Pennati dextra Amoris;
Et vos quâlicet æmulamini
Auctoris ora Verbi,
Sed ore non fimillimo.
Ades tu , Numen , ades :
Tu tibi pax : tu cordis
Tranquilla mei faties,
An erit illa dies,
Cùm tui lumen oris
  Licebit intueri !

I I I.

An erit ut æthereâ
Correpta face pectora
In cineres labafcant ?
Tum rogo de vitali
Ad Te mens ales advolet,
In Teque niduletur.

I V.

En , flofculi pulcherrimi,
Præ Numinis amore,
Expanfas foliorum
Ad cælum alas explicant,
Odoris ftant fufpiriis,
Fletuque madent rofcido.
Fammato , viden ? ore

Ut Rofa purpurafcens
Prodit amoris ignes.
En hederæ virentibus
Ad aftra reptant brachiis,
Expreffaque pallentibus
Expandunt corda foliis.

V.

An folus ego , me miferùm !
Tot inter ignes algeo ?
An folus ego ad terras
Devexo feror pondere ?
  Ah ! tui tot amores,
  Mi Deus , inde excita,
Quot viret arbor foliis
Quot arva rident floribus,
Quot aftra fudant roribus.

V I.

  En piĉtis foliorum
  Multicolor labellis
  Flos tacitus divinos
  Eloquitur honores.
En cælo laudes accinunt,
Et Aura leni fibilo
Et Lympha leni murmure.

VII.

An folus ego , me miferum !
Tot voces inter fileo ?
Ah ! divûm Pater ingere
Os laudibus facundum ,
Linguas & tot canoras
Quot mella legunt apes ,
Quot garriunt volucres ,
Quot Auræ & Nymphæ murmurant.

SILVILUDIUM VI.

AD LUNAM,

Cùm VLADISLAUS die Lunæ Venaretur.

I.

Dum Lunæ rura cingimus
Regiis venatibus ,
Lunæ choreas plaudimus
Chorea , in modum Lunæ.
Vecta feremùm , Luna , per aërem ,
Tremebunda flammeo
Num venaris aftra cotnu ?

Num bellatrix igneo
Ætheris urfos impetis arcu ?

I I.

Nocte filenti, voce faventi
   Tibi latrant catuli :
   Tibi focium venanti ,
   Luce fpumet aureâ
Rabidæ fidus trifte Catellæ.

I I I.

Modò recurvis edita cunis.
   Primo ludis lumine ;
   Modò pleno nites ore ;
   Mox incurva fenio ,
Mæfta cadenti exftingueris igne.

I V.

Orbe nigranti claufa fecundum
   Temet ipfa latitas.
   Tibi rogus & fepulcrum ,
   Temet ipfa tumulas ;
Mox redivivos excitas ignes.

V.

Fida diurni luminis heres ,
   Occidente Delio ,
   Breve fideris fraterni

Reparas difpendium
Latè micantis frontis honore.

V I.

Modò nitenti falce minaris;
   Modò jugo cymbula,
   Modò portu finuaris,
   Et mutantem fimilas
Æquore cæli Prothea formas.

V I I.

Quicquid liquidis innatat aquis,
   Feto quicquid vifcere
   Terra parit, tibi paret.
   Tuis nutat nutibus
Refluus humor æquoris alti.

V I I I.

Anque noftro dextra vignatu.
   Tibi dentes campri
   Apri torva minitantis,
   Tibi quercu pendeant
Ardua noftræ cornua prædæ.

I X.

Dubiæ videa latis in umbrâ
   Tuis pares vultibus?
Tibi in orbem, tibi in artum

Agitamus choreas :
Annue noftro dextra, venatu.

X.

Curfibus aptas fuffice vires,
Vimque odoram canibus ;
Telo feras, tela feris ,
Telis ictum dirige ;
Robora feffis adde lacertis.

XI.

Aurea fed jam proditur Eos ,
Et venatrix rofeo
Aftra nocturna fugat arcu,
Hebetata retrahit
Delia lucem , luce renatâ,

SILVILUDIUM VII.
AD UMBRAS,

*Ut venante Mercoii Vladiflao ab aftu venatorU
defendant.*

Sat decori jam fudoris :
Sat &, Pubes regia,
Strenua finxit prælia victus,
Molliter excipiat
Blanda feffos quies artus.

II.

Lucis umbræ jam cadentis
    Giganteæ fchio,
Dum moritur fupera Phœbo
    Parentantes apparant,
Sternunt pulla rura veftes.

III.

Fugitivæ lucis hoftes,
    Vos a fole transfugas,
In fua tutos caftra receptos,
    Gelidis tentoriis
Umbræ tegent hofpitales,

IV.

Longo orbis ex projectu,
    Sefe ferunt obviæ,
Arvaque nullo lumine pingunt,
    Simulacra objiciunt
Nemorumque colliumque.

V.

Hîc, per gelidi prata Merecii,
    Paftoritia pubes,
Agitabimus choreas,
Tu modò, magni Principis aula,
E vicino margine fpecies.

SILVILUDIUM VIII.

AD LACUM MOTELANSEM

Piscatorum Saltus & Cantus.

CANTUS.

TIBI grates, tibi laudes,
  Cærula Tethy,
Tuo lapsus munere,
Opportunè regia
Munera, piscis,
Noftra captus vincula fenft.

SALTUS.

Eoa parens Memnonis
Ut prodiit e specula,
Aureolosque crines,
Luteolosque vultus,
Ad oris tui speculum
Tergit comitque, Tethy,

CANTUS.

Dum nitenti munda fuco
  Illinit ora,
Lætam frons purpuram

Surripit e conchuliis,
  Colla coralliis,
Tuis ornat ora baccis.

        SALTATIO.

Dum fpargit ab aethereis
Rofarum nimbos hortulis,
Dum tua matutino
Rubefcit unda vento,
En penfilis in mediis
Florefcit hortus undis.

          CANTUS.

Te fpumofis exfpuentem
  Oribus iras,
Teque praeliantibus
Campum ventis Martium,
  Fluctibus Euros
Canet alter equitantes.

        SALTUS.

Tranquillo vultûs lumine
Te blandientem canimus.
  Et aureis arenae
Pulvillis acclinatam;
Sic ufque noftro faveas
  Pifcatui ferena.

                  P vj

CANTUS.

Tu terrarum vastos orbes,
  Sedula mater,
Ulnis circum liquidis
Fusca cingis, ætereo
  Ubere lactas,
Sinu geris æstuoso.

SALTUS.

Ex tuo Phœbus nitidum
Attollit caput gurgite,
Et igneo tranquillum
Dum globo radit æquor,
Apparet in argenteâ
Aurata gemma conchâ.

CANTUS.

Mane primo tu nascenti,
  Vespere sero
Tu cadenti Delio,
Ceu Phœnici æthereo
  Liquido præbes
  Toro cunas
  Et sepulcrum.

SÆTAS.

In te Sol, pictor aureus,
Dum lumen nobis temperat,

Serena ludens pingis
Ridentis ora cæli;
Sic ufque noftro faveas
Piscatui fecunda.

Tu grande Ladiflai,
Vicina dum Venatico
Exercet arva curfu,
Nomen fonoro fluctuum
Latè tumultu perfones,
Et ufque noftro faveas
Piscatui fecunda.

SILVILUDIUM IX.

Cantus & faltus Meſſorum, venante paulo ante
regias nuptias VLADISLAO.

CANTUS.

FICTANE ... Aufuri ?
An regalis jubar oris
Lux recludet proxima ?
Hiccine pandet tam fereni
Jubar oris ? hiccine noſtræ
Solem umbræ protegent.

SALTUS.

Felix ades ; & fecunda
Aftra tuis, o Rex magne,
Hymenæis annuant,
Inexſtinctâ foveant
Corda face, rutâ pace.

CANTUS.

Placido femper fidere noſtras
Tecum, Rex, revifat oras
Blanda Doris : aureis cubet arenis

Et pacato Cælum Terras

Fœdere iambat : mitia pangat

Cælum Terris ofcula.

SALTUS.

Martia paffim pila virenti

Fronde Palladis nitefcant.

Sponte falcem belliger

Induat enfis :

In abjectis niduletur

Clypeis ales ; hoftica fundat

Nectar apis galea.

SILVILUDIUM X.

CANTUS ZEPHYRI

Vladiflao fub vefperum Leypanoe veniensi.

SIDEREOS jam moritura condit

Lux oculos : jam flammeo

Cremanda rogo Aurorae

Mea repofcit flamina,

In nidulum cum Phœnix

Vertenda dies meos optat alas,

Surgamus, & assueto
Feretro Noctis & Diei annis
Afflemus ministeria.
Age mihi madidantes
Depluant rore plumæ matutino:
Stellentur imbre gramina.
Venatum petenti
Se prata LADISLAO
Lepunensia comant.:
Hyblæo silva discolor nitore,
Sabæo spiret halitu,
Panchæo gemmet fletu,
Actoris instar regii
Meis ornata pennis
Innubilam serenet aura lucem.
An Regis ministerium
Conspiret Unda nitens,
Tranquillus Aer, Vere
Comta Tellus
Tu modò, Rex, adesto:
Hic omnia nitescent
Clementi frontis fulgure.
Hic musicis, me ventilante frondes,
Vireta canunt sibilis,
Hic Tellus per me verno
Crinita flore comitur.

Hic virides blanditur
Fucata genas, colorata vultus;
   Hic ubi pellucenti
Fontium fletu rident valles,
   Et ripa liquidum volvit gaudium
      Loquace tuum nomen
Frønde fufurrent, LADISLÆ, filvæ;
Magnique ducant nominis fufpiria.
   Qui fivis tecum ludibundus erro,
      Cruentis olim Martius
         Afflabo bellis comes.
      Tuis Phœbe, claffieis
      Argenteos infpitans
Tubæ canales, quâ Sol facem rotat,
   Victorias cantabo
Tuique alarum flamine mearum
      Portabo famam nominis.

SILVILUDIORUM FINIS.

MATTHIÆ CASIMIRI
SARBIEVII
MISCELLANEA.
LIBER SEPTIMUS.

Illuſt. D. Joan. Caroli Chodkiewicz Croſenſis gymnaſii fundatori gratiarum actio.

Ut Ver perpetuo campos veſtivit amictu,
Mitis Apollineos repetebat Gratia Croſos.
Hic, (ut fortè cava feſſus convalle ſedebat
Vocalique rudes hilarabat carmine ſilvas)
Alloquitur Phœbum ; Nunquam tibi Martia virtus
Chodkiewiciadæ, nunquam pugnata canentur
Prœlia ? Num potiùs falſas Pandionis arces,
Enceladique canes pugnas, fictoſque Gigantas
Hylæumque trucem, trifidoque Typhoea telo

Pro ! ingrate nimis ? Sic jam fabricanda Lycæi
Culmina , fic largà nuper data munera dextrâ .
Effluxêre tibi ? Sic fatur , & infitit Eurum ,
Præcipitique fugax fubit avia nubila greffu.

Territus obftupuit Phœbus , digitifque remiffis ,
Ad terram tacito defluxit fiftula lapfu :
Acre micant oculi , teneras fuffuderat illi
Purpura nixque genas ; fubitique per ora pudoris
Illuxêre faces. Dubiâ tum mente revolvit
Quas Chodkiewicio dignè perfolvere laudes
Poffet , & exftrúcti meritum penfare Lycæi.
Gryps mediâ tum fortè fpecu , vacuoque fub antro
Montis , ubi dubios ftruxit Natura penates ,
Indulgente jugo , circum gentile tenebat
Concilium , folioque effultus terga decenti :
Quadrupedum volucrumque greges fecretis habebat
Arbiter , innumero poffeffa fedilia cœtu ,
Diverfus partitur honos ; geminæque Senatus
Imperii geminæ fedère fubilibus aulæ.

Hinc picturatis latè comitata catervis
Alituum Regina fedet , cui plumea collo
Crifta tumet , fulvufque latet diademate vertex.

Montivagos contra proceres , turbamque feroces
Cornibus , extremoque accitos cardine fratres ,
Marmaricus ductor prima locat agmina turmæ.

Nec confufa domus : pernicibus ordine fedes
Prima datur : traftum lenti tenuêre fecundum
Quadrupedes. Gryps ipfe gravi cælata metallo
Fulcra premit, ftratoque vagum fupereminet oftro
Vulgus, & horrendum rigidis quatit unguibus enfem.

 Tunc variæ avium lites , queftufque ferarum
Audit , & illicitas aliena per arva rapinas ,
Direptám fobolem defolatofque Penates ,
Vaftatumque nemus , vacuique filentia nidi
Judicat : accufant infefto murmure Picæ ,
Promtaque mobilibus jaciunt convicia linguis.
Facundo fontes defendit Pfittacus ore :
Enfe ruit, quemcumque ducis fententia damnat:
Enfe cadit latróque lupus , piratáque phoca :
Enfe reæ plectuntur aves. Jam Curia folvi
Debuerat, totumque foro difcedere vulgus
Optabat ; medio cum pulcher in agmine Phœbus
Conftitit, & docili præludens pectine carmen,
Bruta falutavit placidis animantia nervis.

 Tum cunctis occidêre jubæ , colloque minaces
Detumuêre tori : prono Gryps annuit enfe ,
Intrepidumque , forent fi quæ dicenda , profari
Imperat , & plaufis jubet alta filentia pennis.
Tum fic, laxatâ trefudine , fatus Apollo :

 Maxime pennigerûm dux , regnatorque ferarum

Immortale decus Caroli ; cui ftemmata claræ
Gentis , & illuftres radiant in imagine ceræ ;
Cui licet infignis nutare cacumine coni
Et clypeo radiare ducis galeaque , fuperba
Arce falutantes circumfpectare catervas ,
Et poft bella minor , dominum cum caffis adornat ;
Immotis hærere comis , fi gratia menti
Fixa , nec æternæ migrarunt pectore laudes
Chodkiewiciadæ ; felix ingentibus aufis
Auctor ades , meritumque mihi largire laborem.
Scis , reor , Aoniis quæ tecta fororibus ille
Condiderit , caftos ubi nobilis unda Crofentæ
Exonerat fontes , raucoque volubilis auro
Obloquitur , noftrique addifcit murmura plectri ,
Et doctos flores viventibus educat undis.
Huic ego nec Clarios amnes , fontefque pudicos
Caftaliæ , neque Pegafeis Heliconia ripis
Flumina prætulerim : tanti fed gratia facti
Egregias laudes , infuetaque præmia pofcit.
Atque adeò æternæ monumenta attollere laudis
Jam dudum , memorique ducem facrare coloffo
Aggredior ; fed parca manum remoratur Egeftas ,
Et tangi queritur gracili levis ære crumena.
Tu cui Sarmatici tractus , gelidique Trionis
Arctoæ famulantur opes , da divite luxu

In domini laudes dignam confurgere molem,
Et trifidum medio fuccedere culmen Olympo.
Materiem celerefque feras, famulafque volucres
Ferre jube : fat quæque fuæ fi finibus oræ
Apportet, variis quæ terra vel unda metallis
Progenerat. Tibi phœnices avis incola lucos
Pervolat, & teneros per mollia ferica nidos
Sternit : Achæmeneis tibi livida marmora venis
Caucafeæ tygres habitant, madidique fub axe
Cardinis, auratâ Pardi ftabulantur arenâ ;
Ignotufque procul gemmantibus innatat undis
Monoceros, vivoque jubas adfpergitur auro.
Armenio cryftalla ferunt tibi vertice lynces :
Gryphes Hyberborei tibi circumfufa metalli
Pondera fcrutantur penitùs, gemmafque recurvis
Unguibus effodiant, & hiantis vifcera terræ
Denudant, folidifque legunt magnetas in arvis :
Et quoties Pygmea grues poft bella revifunt
Theffaliam, plauduntque Notos victricibus alis,
Nudaque vocali cingunt Pangæa triumpho,
Tunc ingens tibi præda redit : non gemmea defunt
Dona, nec hoftili direpta vertice conchæ
Et Palamedæo captiva monilia collo.
Non magnæ Junonis avem, doctæque Minervæ
Vectigal numerare pudet ; nec Colchica cenfum

Ferre recufat avis, nec dedignantur olores
Heliadum lacrymas, & odoris flebile truncis
Electrum, viridis prope littora carpere Padi,
Claraque fubmiffo diademata folvere collo.
Ipfe coloratis phœnix peregrinus ab Indis
Quicquid Gange fuo, quicquid pifcatur Hydafpe,
Portat, & affyriâ portat tibi merce tributum.
Quid memorem quæ dona ferat facunda Voluptas
Silvarum, viridis Noti regnator & Auftri
Pfittacus, Oceano cui funditur Antarctoo
Litus, & Hifpanis indelibata carinis
Divitias alio defendit frigore Tellus.

Quare age, dimiffum mundi fuper avia fparge
Vulgus, & innumeris veniant ingentia terris
Munera fublimes exornatura coloffos.

Nam mihi cælatis affurgent terna tropæis
Culmina, pulcher ubi vitreis Saltinius undis
Lambit agros, & aprica loquax per gramina garrit
Illo mihi barbarico celfus de marmore furget
Chodkiewiciades, immortalemque coloffum
Suecorum ftrages, & barbata prælia pinget.
Ipfe trucis frénator equi, clypeique coruscus
Fulgure fanguineum per aperta pericula latè
Sternet iter, Suecorumque gravi metet agmina ferro.
Præcipuè pugnam ex auro, folidoque elephanto

Mofcorum, verfafque fui fuper arva Smolenfci
Effundam turres, & Mofco in fanguine ovantem
Chodkiewiciadem media inter millia figam.
Quod fi tanta tuo furgent fpectacula fumtu
Haud, reor, ingratum domino te, maxime Ductor,
Praeftiteris, nec vos pofthac volucrefque feraeque
Immemores noftri per Thracia jugera cantûs
Arguerim: meminiftis enim folatia dicti
Pectinis, & liquidae quondam teftudinis artem.
Tunc me, per Lyciae campos, Patarea canoris
Mulcentem dumeta modis, Acheloûs & afper
Eurotas, primafque nives, exutus Acarnan,
Et verfis Permeffus aquis, refugoque Lycormas.
Fonte fequebatur: tunc ftagna lacufque tacebant,
Blandaque placatis immutuit unda procellis.
At variae circum volucres, portantibus Euris,
Pendebant, alias plenis fua filva vehebat
Frondibus, eque fuis armenta cubilibus ibant.

Tempus erit, quando, propter formofa Crofentae
Flumina, vocales decurrens poftine nervos,
Vos, veftro cum Gryphe, fane, cum Gryphe volucres
Deducam, Carolumque fuis fuper aethera tollam
Laudibus, atque acres referam teftudine pugnas.
Tunc mea feftivae falient ad carmina quercus:
Tunc inclufa fuis venient armenta cavernis,

Ipfaque

Ipfaque mirantes portabunt pafcua cervos,
Et comitata leves geftabunt pabula damæ.
Ipfe fuus cygnum nidus vehet, ipfa columbes
Turris, & afcenfo taurus properabit aratro.
Tunc fcopuli, tunc ipfa fcient vaftiffima magnum
Antra loqui Carolum ; tunc inter litora nota
Difcentes repetent iterata vocabula filvæ.
Saxa milfi dicent Carolum, Carolumque fonabunt
Convalles : Carolum liquentia flumina dicent,
Fortem faxa, gravem convalles, flumina largum.
    Interea doctæ decimâ cum Pallade Mufæ
Saltineos circum fontes, viridemque Rimantum
Errabunt, florefque novos & olentia thymbræ
Munera, cælatifque acquirent ferta columnis.
Pyramides ipfas circum delecta juventus
Stabit, & incifas mirabitur ære catervas,
Et falfos oftendet equos, tranflataque pænè
Bella leget, totoque ducem laudabit in auro;
Alternoque dabit certantia carmina plaufu,
    At vos, o lecti proceres, decernite tanto
Impenfas operi, veftrofque aptate labores.
Tu volucrum imprimis ductor, cui creditur uni
Magnarum digeftus opum, cæcæque per omnes
Divitiæ terras claufique impendia mundi,
Aerium dimitte gregem : mea veftiet æra

Q

Quicquid inauratis defpumet Iberia ripis,
Alpino quod monte nitet, quód lucida ditat
Æquota, quæ Boreas mollive Favonius aurâ
Educat, Eois quæ pareunt? Exeus arenis.

   Dixerat : ille feras picturatafque volucres
Evocat. Arctoas illis aequirere gazas,
His Serum fpoliare ventus, Maffylaque rura
Imperat : his recto gelidas demonftrat in Alpes
Enfe viam. Lybicos aliis peragrare Penates
Suadet, & oblique Meroën tranfmittere lapfu :
Pygmalionæas alios partitur in oras,
Auroræque domos, & inhofpita regna Niphatæ,
Quæque ferunt medio caput Acroceraunia cælo.
Ledæas alii paffim populantur Amyclas ;
Arabicofque finus, Atlantæofque receffus.
Decrefcunt aliis Thonrefes faxeta, Thafofque
Orchomenique finus, & Dodonæa canoro
Ære loquax, patrioque fonantia Bactra metallo.

   Septimus Eoæ Titana cubilibus undæ
Lucifer extulerat ; promiffi certus Apollo
Exfuperat celeri Medocarna circumina greffu.

   Apparent humiles campi, viridífque Crofentæ
Litus, & umbrofa hilares convallibus undæ,
Et circum políts viridiffima pafcua juncis.
Tum verò nubes oculis explorat, & omnem-

Profpectum latè cælo jacit : ilicet ingens
Alituum turmâ latuit polus , altaque circum
Caligant volucrum denfo convexa volatu.

   Antevolant aliæ Zephyros , fegnefque per auras.
Avia cæruleo ludunt examina cælo :
Invadunt aliæ nubes , penitufque latentes
Aereis merguntur æquis , gaudentque fuperbæ
Humentes innare Notos. Gryps ipfe fupremùm
Radit iter , dubiumque vagis fufpendit in auris
Pondus , & adductâ caftigat nubila pennâ.
Fulmineum radiant oculi jubar , armat aduncus
Roftra timor , ter lingua vibrat : funditur opima
Difperfâ cervice tori ; furrectæque criftis
Colla tument : ingens tacitis adnavigat auris
Remigium , reliquo Leo corpore territat Euros
Unguibus , & rigidâ pavidum ligat æra caudâ.
Nec levior micat ante metus , mucrone timentes
Defignat Zephyros , & tantùm vulnera differt.

   Innumeræ comitantur aves , plaufuque fecundæ
Confequitur Dominum famulis Exercitus alis.
Nec quifquam tantis e millibus obvius audet
Ire duci ; fed prima facris dant nubila pennis,
Claraque purpurei veftigia regis adornant.
Tum lætum Pæana canunt , & fupplice cantu
Gaudentem celebrant ; quis præpetis impetus alæ

Q ij

In medias acies properum ferat, agmina quantus
Rumpat, inaurato quantus circumtonet enfe,
Vel quantus clypeo radiet ducis; aurea quantus
Poffideat vexilla, quibus micet inclytus armis,
Quàm fidos dominâ pro caffide fulminet ignes.

Tum demum cùm templa procul ripamque Crofenti
Et muros (veteris fecreta palatia quondam
Rekutii) medioque fonantia ftagna fluento
Confpexêre, Crofos hilari clangore falutant.
Vocales avibus procul affensêre cavernæ;
Saxa Crofos, dumeta Crofos, & flumina longè
Refpondêre Crofos : latis percuffa reclamant
Vocibus, & læsâ refonant aviaria filvâ.

Aoniâ tandem juvenum cingente coronâ,
Obvius hofpitibus procurrit Apollo catervis.
Hic avium ductor, pariter rectorque ferarum,
Collectas omni terrarum limite gazas
Explicat, & plenis magni compendia mundi
Agglomerat cumulis : hîc fulvi doma talenti,
Illic argentum nitet, indigeftaque moles
Æris, & incocto fquallent orichalca metallo.
Præterea vario radiantia marmora ritu
Donat, & a bimari venientia faxa Corintho.
Et pictos filices & verficolore fuperbos
In maculâ rupes, duris ubi floribus hortus

Texitur, & fictas mendax lapis exprimit herbas,
Falsaque nativis interviret area fulcis.

Addit & arcano florentes lumine gemmas,
Quicquid & Hesperiæ ramis flevêre sorores;
Et Thetidis lacrymam, & cumulos admiscet Eoæ
Grandinis, & siccos aspergit iaspidis imbres.

Mirantur Charites : tantas miratur Apollo
Divitias, tantisque super lætatus acervis
Gaudet in obtutu, visusque per omnia ducit,
Et sanctas attrectat opes : juvat aurea dona
Aut ebur, aut dignas digitis contingere gemmas.
Tum vocat Historiam : placido simul incipit ore.

Nata, cui veterum custodia credita rerum,
Magnanimique duces, & decertata vetustis
Bella viris ; quæ quicquid iners sub nocte Vetustas
Occulit, & cæcis Oblivia nubibus umbrant,
Optanti retegis mundo, pariterque senectam
Orbis, & ingentis referas Elementa Juventæ,
Hunc mihi da proprium, Parnassia Virgo, laborem,
Hanc operam. Solido consurgant ære Colossi
Ingentes, queis fama mei, memorataque bellis
Gloria condatur Caroli. Jacet omnis in artem
Materies, tanto certè miscenda labori.
Pieridum venit apta manus, nec tarda sequentur
Marmora ; Threicii siquidem dulcedine plectri

Ipfe morans hortabor opus , placataque cantu
Infolitas ultro concedent faxa figuras;
Effingique rolent, & miti corpore vultus
Accipient, morefque feræ. Tu fedula tantùm
Incipe , & infuetis fidens hortatibus aude.
Segniùs audito ftetérint Amphione Thebæ ,
Aut accita mais quondam Priameia nervis
Mœnia, cùm montes, cithará duce, fponte per agros
Reptarent , junctufque fuæ defcenderet Idæ
Dindymos , & totæ fcendebant Pergama filvæ.

Sic ait , & niveum, flexá teftudine , collum
In lævam transfert : tenuit manus altera plectrum
Et liquidum tremulis interdipit æra nervis ,
Inque fonum Zephyros animat. Tum flamina jufta
Enumerant voces , digitifque monentibus ictum
Affentitur ebur : refpondent omnia filvæ.
Ipfi lætitiâ faliunt ad fidera montes ,
Intonfi montes ;. ipfæ jam carmina valles ,
Ipfa fonant arbufta : vago canit unda recurfu
Bella Ducis , meritofque fonat poft bella triumphos.

Interea lætæ domino cum Gryphe catervæ
Per campos lætifque virentia pafcua fcenis
Infultant paffim tumulis , dubioque volatu
Per fudum liquidis volucres plausêre choreis.

Nec minus Hiftoriam labor excitat :. ipfa fequentæ

Adducit scopulos : locat ipsa volentia fundo
Marmora : surgentes ultro juvat ipsa colossos.
Assistunt Dominæ comites : & Gloria juxta ,
Et Decus , & læti circumstipantur Honores.
Bellaque , purpureisque frequens Victoria pennis
Astat ; & ingenuo florentes crine Triumphi
Hortanturque monentque simul : Mavortia Virtus
Edocet , & lauro redimitæ tempora Laudes.

    Nec satis Historiæ tantos spectare labores ;
Sed properâ juvisse manu. Strepit ardua faxis
Machina continuo nemorosa per avia pulsu :
It fragor ; & terris ingens redit ætheris Echo.
Nec segnes traxere moræ : vix prona supino
Axe Dies niveos detorsit in æquora cursus ,
Aurea cùm grandes subeunt convexa colossi :
Vix oculis operique fides , stupet ipse labores
Vesper , & exactæ bis senis passibus Horæ
Mirantur natis uno sub sole columnas.

    Certatim Clariæ vocalia plectra sorores
Exercent , variánfque sonos ; ut pollet ovanti
Quæque Lyrâ : virides aliæ de gramine nexus ,
Et brevis exuvias apii , spoliumque ligustri ,
Aptaque purpureis appendunt lilia saxis.

    Tunc felix hilarem compellat Gloria phœbum.
Cernis , ait ; quantis se terna sub æthera moles

Attollat fcopulis ? hic vivo marmore laudes
Chodkieviciadæ, fimilique cruenta metallo
Bella micant. Si nofse rei fpectacula tantæ
Eft amor, huc mentem, paucis advertę, docebo.

   Prima quater gemino quæ pulfat nubila ductu
Pyramis, impubęs Caroli complectitur annos.
Noąne vides primos infans ut reptat ad enfes ?
Ingentemque manu galeam, conoque fluentes
Attrectat criftas, clypeique decemplicis orbem
Necquicquam teneṛâ nixus fuftollere dextrâ
Velle videtur, & in mediis conatibus æger
Deficit ? admotis libat tamen ofcula telis.
Hic multo quod, Phœbe, magis mirabere, cerne,
Stratus ut immani jaceat thoracę, gravique
Commendet clypeo fomnos, tenerumque fatiget
Corpus, & in medias cunabula transferat haftas.
Hic rurfus torvum poft afpera prælia patrem
Primus in amplexu fovet, & fulgentia pofcit
Cingula, captivofque ferox efflagitat arcus.
Ipfe corufcanti genitor fuper ære volentem
Excipit, & rutili ridentem ad fulgura coni,
Mulcentemque jubas, & ahenea fcuta terentem
Laudat, & avulfi donat nutamina coni.
Hic etiam noftri divina facraria montis
Intrat, & Aoniis dignus venit incola lucis.

Nec Phœbo mens indocilis', nec inhofpita Marti
Caftalias exhaurit opes : Laurentia bella,
Hannibalis fraudes, & Iapygis arma Tyranni,
Aufoniofque duces memori fub corde revolvit.
    Altera quæ gracili fublimis in aftra coloffo
Nafcitur, audacis moles elementa juventæ
Confpicienda dabit ; vis vivida, Martius ardor
Irrepfêre genis, galeæque comata ferenis
Vultibus umbra cadit. Non marcefcentia luxu
Otia flexerunt animum ; fed totus honeftæ
Bellator menti Deus incidit. Afpicis haftâ
Quantus ovet ! quantufque novis confurgat in armis
Thrace fuperbus equo ! pofitæ certamine metæ
Quàm properè certam teres annulus induat haftam.
Hic etiam juvenes pugnas, primique Gradivi
Clara rudimenta, & teneros pugnata per annos
Bella micant. Carolus magni ducis attonat armis :
Huic pectus circum radiante refulgurat auro
Multifidus thorax, clypeique incenditur orbe
Campus, & oppofitâ trepidus Timor errat in haftâ.
Afpicis ut toto fumant præcordia Marte,
Inftantemque Deum primo fudore fatentur !
Sanguineas rigat ora genas, & aheneus auris
Funditur, ignivomumque malus nitor afperat enfem.
Hic rurfus quantâ lætus caligine belli

                         Q v

Pafcitur : & thorax, & turpe cruóribus aurum
Erubuit. Medio dux clarus in agmine Laudam
Non hoftes, non tela videt : fed pronus & ardens
Hic plenas càmpo galeas metit ; occupat illic
In curfu trepìdos : latam fecat inde plateam
Per medios, refugafque truci ruìt énfe caterva:
Donec jam victis, fufo Michaele, maniplis
Conftitit, & vacuâ refpexit in æthera dextrâ.

   Tertia dat Carolique fugam, ftragemquè Gothorum
Pyramis. Hæc rurfus bellantis imagine gaudet
Chodkieviciadæ : medias fecat ipfe cohortes
Horridus armorum tonitru, nudofque per enfes,
Tela per & galeas & equos cumulófque frementûm.
Fœdàque congerie fola, femianimumque cruorem,
Fulmineus ruit : innumeros teres induit hoftes
Lancea, purpureo cruor imbre refrigerat enfem.
Primus ad Oceanum trepido vócat agmine turmas
Præcipitìque fugax Carolus fecat alta carinâ:
Concita vela pudor, celeres timor addidit auras.

   Hic ftrages Albi lapidis, bellique procellum,
Et latè Gothico torrentes fanguine campos
Afpice, Revaliæ, Kokenhaufenfemque Gradivum.

   Hæ verò, pictas fcopulo quas fufpicis arces,
Ad patrias fedes cognataque Livonis arva
Chodkieviciadæ multis rediêre triumphis.

Mascovius summo Mavors in culmine fulget
Pyramidis : fulgent longè captiva Smolensci
Moenia, disjectæque suis cum turribus arces,
Multaque de cæsis radiat Victoria Moschis.

Dixerat : ambrosio tum Cynthius ore profatur,
Nunc mea felicem tandem Fortuna Lycæa
Fortunam, cùm facta viri memoranda, ducisque
Immortale decus vicinâ sede tueri
Concessum. Non hoc frumentis nubila Cori,
Non hoc imbriferas hyemes opus, æthaque cælo
Fulmina, Thessalici non agmina carceris horret;
Non rerum senium : stabit dum sidera current.

ITER ROMANUM.

I.

Ibis Hyperboreos non segnis, Epistola, campos,
  Quâ riguus patriam Vistula lambit humum.
Ne pudeat, quod firma parum vestigia figas,
  Alternoque cadant saucia crura pede.
Quæ procul audaci conantur in aera saltu
  Tesqua pruinosum ferre sub astra caput;
Nubiferas Alpes, Juppyta Ceraunia cælo,
  Et Pyreneis æmula saxa jugis;

Q vj

Sæpe per obstantes dum te remorantur hiatus;
Succiduos dices detinuisse pedes.
Forsan ubi planos, Aquilonia regna, Triones.
Et patrios felix acceleraris agros;
Incipient virides passim subsidere campi,
Celsa videbuntur detumuisse juga.
Et quæ Vistuleis latè perfunditur undis,
Præbebit faciles mollior ora vias.
Hic ubi Sarmaticas cursu superaveris arces;
Quà vagus irriguis Narvia serpit agris:
Pieriis repetes regnata palatia Musis,
Pultopolitano sacra Lycæa Deo.
Hic sociis referes, ut idonea vitibus arva;
Et Latios tandem transierimus agros.
Et Patribus primùm missam largire salutem
A me, & Nicoleo ter mea verba meo.
Huic nostræ mala dira viæ, mala dura laboris,
Castaliis referes officiosa modis.
Prima profecturos Posnania vidit alumnos
Extremum Sociis ingeminare VALE.
Vidit in amplexu caros se fundere fratres,
Lætaque confusis dicere vota sonis.
Inde per extremas quà Marchia flectitur oras,
Et niger illimes Odera vertit aquas;
Saxoniæ tractus insidaque regna subimus:

Apta peregrinis Lipsia tecta dedit,
Tota Lutheranis sed inhospita Lipsia sacris
  In permutatà religione furit.
Hic tamen antiquas, immania marmora, sedes,
  Structaeque non parcà saxea templa manu
Miramur taciti, pollutàque sacra dolemus,
  Atque profanatas commiseramur opes.
Postera cùm primos Aurora reduceret ignes,
  Ad currum bijuges associantur equi:
Erigimur stratis, & perfida linquimus arva.
  Totus erat pluvio nubilus imbre dies.
Heu mihi! sol aliam postquam tulit aequore lucem,
  Totus erat nimio torridus igne dies.
Hic mihi flammantes incandescebat ad aestus,
  Et subito totum languit in igne caput.
Prae foribus malesana Febris jam stabat, & ingens
  Indeplorati corporis ardor erat.
Causa mali montes, quos flamma reciproca torret,
  Sole repercussas ejaculante faces.
Nam, si vera rudes enarravère coloni;
  Hic magis aestivo Virgo Leone furit:
Pandaque mortiferos diffundit Libra vapores,
  Aestatisque vices imperiumque tenet.
Causa latet, serosne petat vindemia soles,
  An vitia sicci candeat aura soli:

Inges

Pronior an celsas ubi Sol aspexerit Alpes,
 Rectior obliquis torreat arva rotis.
Forte supercilio riguivo crepidine saxi
 Imperturbata vena fluebat aquæ.
Ergo susurrantûm moror ad breve frigus aquarum,
 Atque cavâ lympham sorbeo sæpe manu.
Ilicet irriguus paulatim cedere languor,
 Et cœpêre graves fortiùs ire pedes.
Ire graves cœpêre pedes ; nam sarcina currûs
 Stare fatigatos sæpe coegit equos,
Obscenáque rotæ dum cunctarentur in ulvâ,
 Aut vada torrentûm trajicienda forent ;
Mille revertentes exploravêre recessus,
 Mille paludosas circuiêre vias.
Prævehimur celsas, habitata cacumina, ripas,
 Prævehimur summis pendula tecta jugis.
Hic alias Fortuna vices, aliosque labores
 Opposuit nostris insidiosa viis.
Silva fuit, multos incidua silva per annos,
 Quercubus annosis ilicibusque vetus.
Pæne supinatæ verrebant sidera frondes ;
 Ipsa videbantur Tartara pæne peti.
Præterea tumulis & hiantibus aspera clivis
 Petra ruinosum præpediebat iter.
Ingenium speluncæ doli, catamque noeendi

Indeclinatus trames habebat opem.
Pergimus intrepidi tamen, immemoresque latronum
    Cùm nos admissis insequerentur equis.
Nam levis extemplo claris equitatus in armis
    Umbrosum denso milite sepit iter.
Respicio ; creberque manu jam fulgurat ensis,
    Nudus & exsertà cuspide mucro stitit.
Crebra repentini prænuncia machina leti,
    Atque volaturis fistula fœta globis,
Adducto silicis flammas irritat hiatu,
    Ut vomerent clausæ plumbea tela faces.
At mihi consurgit surrecto crine galerus,
    Quassaque non dubio corda timore tremunt.
Interea pernix equitum manus advolat, & se
    Prodit inauditis barbara lingua minis.
Intentant jugulis faciles ad vulnera sicas,
    Et fodiunt gravidis ora latusque sclopis.
Ipse meas exploro manus, manus ense carebat:
    Respicio currum, currus inermis erat.
At mihi Nicoleus certos signatur in ictus,
    Afflictumque solo barbara dextra ferit.
Illius gemitus & singultantia longè,
    Missa velut riguo sanguine, verba bibo.
Dumque reor vocem veluti morientis amici,
    Quæ vox percussit, non morientis erat.

Quâ data porta ruo, dubiæque pericula vitæ

Evithturam non moror ipfe fugam.

Et celeres propero per aperta, per invia plantas;

Defiua frondofum quà tegit umbra nemus.

Interea, foffæ pretiofa pericula terræ,

Unum, quod tantï caufa doloris erat,

Argentum, modici mala vectigalia cenfûs,

Deprædatrices diripuêre manus.

Aftabant monfti, leviùs fed ademta fodales

Omnia, quàm longas indoluêre vias.

Vos ego tunc, quercus, vos frigida marmora, teftes,

Vos imploro meæ confcia faxa fugæ.

Vos etiam (nam vos, memini, miferebat euntis)

Indefolatis hofpita luftra feris :

Quin etiam mifero refpondebatis ab antris,

Dum ciet alternos vocis imago fonos.

Quos ego tunc, (audiftis enim, mæftæque querelæ

Vocibus impulfæ attonuêre petras.)

Quos ego tunc gemitus? aut quæ fufpiria fudi ?

Dum velut occifo folus Achate vagor.

Et queror, et dubio rurfus fub corde revolvo,

Viveret, an tantùm faucius ille foret.

Occifum rurfus reor, ac pernicior Euro

Plana repentino prævehor arva gradu.

Stramineas prope fonte domos, ftipulifque colebat

Non bene protectas ruftica turba cafas.
Accelero, lacrymifque peto miferabile cædis
    Effugium, taciti nuncius ipfe mali.
Conveniunt, lapfumque fugâ folantur agreftes
    Dum mihi fumofus vertice fudor abit.
Genua labant, totos quatit æger anhelitus artus
    Et negat expreffos languida lingua fonos.
Sic magis ut miferum lamentarentur, in ipfos
    Illorum fletus ingeniofus eram.
Atque meos tandem cafus interprete nutu,
    (Nam fuit ad fuetos hofpita lingua modos)
Undique me turbâ circumftipante, renarro
    Et queror, indignas illacrymante vices;
Ilicet ex oculis priùs omnibus excidit imber,
    Et lacrymis grandes intepuêre genæ.
Inde ferunt Cererem, preffique coagula lactis,
    Et, quæ vicino fonte fluebat, aquam.
Accedo menfis, & dulcia cymbia lymphæ
    Haurio, de falfo plus tamen imbre bibo.
Demiffæ fedenim mifcebant fercula guttæ,
    Condibatque rudes flebilis unda cibos.
Ut ceffêre dapes, viridem fenilia turrim
    Nocturni repeto mollia fulcra tori.
Longa fed invifam removet dum cura quietem,
    Laffa recufabant membra fopore frui.

Hei mihi ! quàm pigri tua fegnis inertia mundi
    Vifaque quàm tardo fidera nare polo !
Ipfa videbantur glacialis plauftra Bootæ.
    Prenfa Lycaonio diriguiffe gelu.
Expergifcentis vix tandem cornua Lunæ
    Profpicio fummis evigilare jugis :
Sufpiro, rofeoque pigram Tritonida lecto,
    Et queror immites ftertere Solis æquos.
Invitata meis cum mox Aurora querelis,
    Eoo rofeum protulit amne caput.
Confurgo, fauftumque precor mihi furgere folem,
    Et Superos fupplex in mea vota voco.
Audivère preces ; focia nam nuntia vitæ
    Fraternâ venit littera miffa manu.
Et brevis illius fuerat fententia fcripti,
    * Nil mihi refcribas, attamen ipfe veni.
Continuò caftigo moras, filvamque remenfus
    Affero felicitis Patribus hofpes A V E.
Et fimul appofitâ curamus corpora cenâ,
    Membraque frondofo flectimus apta toro.
Manè petebatur propero Bamberga meatu :
    Naufragii ftatio portus et illa fuit.
Hic habitat Clariis devota facraria Mufis
    Cultorum Iefu docta caterva Patrum.
Hofpita tecta patent, confternatique labore

    * Ovid. in Epiftol. Her.

Solamur longâ perdita membra fame.
Inde Ratisbonam, quam turbidus alluit Ister,
    Et circumfusis luxuriatur agris;
Quasque colit sedes Ingolstadiana juventus,
    Et Monaci celsas, regia tecta, domos
Mox Hallam petimus, vicinaque moenibus Hallae
    Oppida, quae ruptis alluis, Oene, vadis.
Hic inter canos, hiberna cacumina, montes,
    Et quae Sol torvis aspicit arva genis,
Brixina Bolsanique procul vineta petuntur,
    Atque Tridentini pinguia rura soli.
Septa latrocinii caecis via rursus ab antris
    Flumineum cautos ire coëgit iter.
Arboreâque super liquidas strue currimus undas,
    Et latiae tandem radimus arva plagae.
Postera cùm roseas lux emersisset in auras,
    Et jam sole recens erubuisset humus,
Pulchra coronatas attollit Mantua turres;
    Altius assurgunt aurea tecta Ducis.
Ingredimur: densis glomerantur compita turbis,
    Et populi toto fluctuat unda foro.
Hinc picturatis laqueata palatia saxis,
    Templaque divitibus conspicienda tholis.
Hinc fora mirantur, venantur lumina Patrum,
    Et foribus celsas porticibusque domos.

Nec minùs attonitas opulenta Bononia mentes,
    Nec minùs antiquæ detinuêre Senæ.
Una tamen latias inter Florentia sedes
    Visa mihi nitidos disposuisse lares.
Qualia pubentes variant violaria sulcos,
    Scitaque dispositis floribus arva placent.
Vitiferos illinc, non sobria culmina, montes
    Scandimus, Hetruscos prævehimurque lacus.
Et tandem pluvium cælo reveheate Novembrem,
    Flaminiæ terimus pulverulenta viæ.
Apparent centum pendentia tecta columnis,
    Apparent latio pegmata celsa foro :
Ipsaque Roma patet. Salve, pulcherrima mundi
    Roma, Palatinis ardua Roma jugis.
Pulchraque tergemini salve domus, hospita mundi :
    Divinæ salve Religionis honos,
Quæ mare, quæ terras & utroque rubentia sole
    De Capitolino vertice regna vides.
Hinc Quirinalis rerum fastigia clivi ;
    Hinc Vaticanæ regia tecta domûs
His Pater attonitum speculatus ab arcibus orbem,
    Regna cui flexo procubuêre genu,
Cui Polus, & latè liquidi patet ætheris aula,
    Et referat famulas ad pia jussa fores.
O quantâ rerum se majestate coronat !

Quantaque vicinis invidet aula polis!
Ille tamen qui se mirantibus invehit astris,
    Et. cava non humilis nubila tranat apex:
O quantum spatiis indulget, & aera quantum
    Occupat, & brutam vertice spernit humum.
Scilicet ampla patet Laurentis regia Petri,
    Constantine, tuâ regia cepta manu.
Hanc circum tot jam lassantur secula molem,
    Et senium mundi grande fatigat opus.
Ipsa suo segni miratur machina nisu
    Inconsummatâ tecta stupêre morâ.
Dumque vetat tantos operum dormire labores,
    Artificum lentas increpat ipsa manus.
Sic mecum tacitus miror dum mœnia, subter
    Densa suburbanum vinea monstrat iter.
Interea pronas Sol detorquebat habenas,
    Et niger adversos vesper agebat equos.
Farnesiana patet nostræ domus hospita cenæ;
    Quæ tamen a JESU nomine nomen habet.
Mane venit: Latiis petimus sacra tecta Camenis,
    Gregorii sanctæ quæ posuistis opes.
Hinc in Apollineos, aliam Parnassida, ludos
    Hippocreneæ constituêre Deæ.
Hæc domus, hæc requies nobis, hæc meta laborum:
    Non eventuri meta doloris erat.

Nicoleon ipfo tecti de limine cœpit
Febris inaffuetis folicitare modis.
Dumque repentino corpus depafcitur igne,
Ante bis ad quartum fueta redire diem:
(Infperata meo quid nuncia demorer ore?)
Intempeftivo funere frater obit.
Non corcyræis illum Podalirius herbis,
Non data Mœoniâ pharmaca fæpe manu:
Non illum fatis, medicis fata gramina campis,
Non infillatæ præripuiftis aquæ.
Vidimus attonitos fraternâ morte fodales,
Pallida dejectis flore per ora genis:
Aft ego quas illi lacrymas, quæ carmina fundam,
Singultu medios impediente fonos?
Quælibet humentes irroret lacrymâ vultus,
Et pro materiâ parva futura fuâ.
An faciles deflebo fuo cum pondere mores,
Eloquiique facras & pietatis opes?
An feftinati præreptas crimine leti
Ingenii dotes divitiafque fui?
Cetera quid memorem? vacuat fua lumina mœror,
Et lacrymæ fteriles deftituêre genas.
Amnis adulanti quicumque rofaria lymphâ
Lambis, & externâ vergis in arva fugâ;
Et vos cæruleâ Phœbi de plebe minores,

Qui vehitis, domino parva tributa mari :
Et tu, Tibri, tuam qui circumlaberis urbem,
  Et famulas præter mœnia volvis aquas :
Scilicet & ripas oculis mutare licebit :
  Per mea flumineas lumina flecte vias.
Flectit & undosæ gemitum singultibus arcet:
  Vix finit extremum dicere voce VALE.

F I N I S.

CASIMIRI

SARBIEVII

EPIGRAMMATUM

LIBER UNUS.

MATTHIÆ

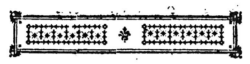

MATTHIÆ CASIMIRI
SARBIEVII
EPIGRAMMATUM
LIBER UNUS.

I.

AD TARQUINIUM GALLUTIUM

È Societate JESU oratorem & poëtam
clarissimum:

Cùm ei sua de divino Amore epigrammata
traderet.

Dum tibi divinos jussi ferremus Amores,
   Urget Amor gressus ferre, referre Timor.
Hic trahit, hic retrahit gressus: hic pugnat, & ille
   Ille suis nixus viribus, iste suis.
Hic jaculum jacit, ille jacit. Pugnatur: Amoris
   Tela Timor, vibrat tela Timoris Amor.
Ut tibi divinos tandem ferremus Amores,
   Victus uterque fuit, victor uterque fuit.

R

I I.

RELIGIOSUM PAUPERTATIS
V O T U M.

Si dederit homo omnem substantiam domús suæ
pro dilectione, quasi N I H I L despiciet
eam. Cant. 8.

Venalem nuper cælo mercabar Amorem:
  Quis credat ? qui se venderet , ipse fuit.
Aurum donabam : sed emi se noluit auro.
  Cùm largirer opes , rejiciebat opes.
Omnia donabam : sed noluit omnia. Totum
  Quod superest (inquam) si placet, aufer, Amor.
Risit : & æthereo quid inutile quæris Amori
  Solicitus pretium ? da N I H I L (inquit) Emes.

I I I.

HASTILUDIUM FORTUNÆ
ET DIVINI AMORIS.

Dotalis · Fortunæ annulus , orbis. Seneca.

Deus est Sphæra , cujus centrum est ubique ;
circumferentia nusquam. Proclus.

Meta volaturæ steterat teres annulus hastæ:
  Annulus ad dociles pervia meta manus.

Annulus Orbis erat : Fortuna ciebat ad Orbem ,
  Et simul æthereus tela ciebat Amor.
Fortunæ mediam teres annulus induit haſtam :
  Major, ait, nobis meta petetur, Amor.
Et temerè jaſtum jaculatus in æthera telum ,
  Nuſquam meta mea eſt , inquit , ubique mea eſt

I V.

Veniat dileſtus meus in hortum ſuum. **Cant.** 5.

Pulcher Amor ſumsit rudis inſtrumenta coloni ,
  Et ſua depoſuit tela ſuaſque faces :
Et manibus ſtivam rapuit ; caſtique laboris
  Ad ſua ruricolas junxit aratra boves.
Ilicet, ut facili ſubvertit vomere corda ,
  Caſtaque virginibus Gratia crevit agris ;
Flos, ait, unus abeſt : ſunt cetera millia florum.
  Ut nullus poſſit, CHRISTE, deeſſe, Veni.

V.

De S. MAMMETE Martyre a leonibus ,
  quibus erat objeſtus , intaſto.

Parvus in extremam MAMMES deſcendit arenam
Squalebant tenui pallida membra fame.
Horruit hanc prædam venantûm turba ferarum ,

R ij

Et potuit fefe vincere longa fames.
Unde protervorum jejunia victa leonum?
Sic docuit Martyr ; sic didicère feræ.

V I.

De eodem.

Prætor inhumanis, MAMMES, te dentibus offert;
Immaturus adhuc , parvule , Martyr eras.
Præside mansueti fed plus fapuère leones,
Pro puero mores dedidicère fuos.
Norant feptenni faciles ignofcere prædæ;
Cui Prætor rabidas jufferat effe feras.
Parcere si placidi puero fcivère leones,
Illi Prætores, tu leo Prætor eras.

V I I.

Quis mihi det te fratrem meum fugentem ubera matris meæ, ut inveniam te foris ? Cant. 8.

Quò tandem meus avolavit ille?
Formosissimus ille Natus , ille
Quò tandem meus avolavit Infans ?
An jam Bethlemium reliquit antrum,
Natalefque cafas , & hofpitalis
Fortunata petit fluenta Nili?

Obftent culmina, fabulofus obftet
Hæmus, Pelion, Offa, Pindus, Othrys;
Ut pulfum celer affequar Puellum;
Nimbis ocyor, ocyor procellis
Pergam ; per faliceta, per rubeta,
Per deferta, per afperos hiatus,
Per fpineta, per iliceta pergam.

An rurfus Pharias perofus oras
Damnato redit exful e Canopo,
Tranquillamque petit redux Idumen ?
Ut pulfum celer affequar Puellum,
Stent inter fcopulique frondefque
Silvæ verticibus minentur inter;
Damis ocyor, ocyor capellis
Vadam ; per fruticeta, per vepreta,
Per dumeta, per invios receffus,
Per querceta, per æfculeta vadam.

An latè Solymas peragrat oras,
Et pinguis juga calcat Hermonæi ?
Carmelique fuper nivale tergum
Formosis fpatiatur in viretis,
Qua circumfluus elegante ripâ,
Singultantibus evolutus antris
Jordanes fonat, & remurmurantes
Sefe fluctibus alloquuntur undæ ?
Ut pulfum celer affequar Puellum,

R iij

Pardis ocyor, ocyor leænis
Curram, per siliceta, per fruteta,
Per pineta, per obvias paludes,
Per faxeta, per arboreta curram.
An noftri vitiis iniquus orbis
Centum Tænarios triumphat hoftes?
Stellarumque procul favente pompâ
Phœbi fcandit equos, & ordinata
Molli sidera temperat capiftro?
Ut lætum celer affequar Puellum,
Fulgetrifque, curulibufve flammis,
Aurigantibus Africis & Euris,
Et blandis Zephyris Favoniifque
Per lenes ferar inquietus auras,
Et desiderii vehente pennâ,
Spirantûm vehar effedo Notorum,
Vernarumque rotis Etesiarum.

Sed quò me rapit incitatus ardor?
Ambo ludimur, ambo : dum Puellum
Quæro, quærit & ipfe me Puellus,
Et vaftos procul obfecrat receffus:
Obteftatur agros, nihilque de me
Refpondentia fcifcitatur arva :
Sic & me fuga ludit & Puellum.
Stabo. Quemque vagum nequit, videbo
An possit DEUS invenire ftantem.

VIII.

DE D. MARIA MAGDALENA.

Per vicos & plateas quæram , quem diligit anima
mea. Cant. 3.

ET gemit, & miferis fingultibus aftra laceffit,
  Et falfo teneras irrigat amne genas.
Et cava per, per acuta celer, per inhofpita fertur:
  Et per aperta fugax, & per iniqua ruit.
Quid facit ad tantos tam prodiga lacryma curfus?
  MAGDALIS in lacrymis navigat ipfa fuis.

IX.

De Puero JESU nato.

QUID effe poffit hoc Puello carius?
Cui mellis ore plena manat copia,
Illime plenis balfamum rivis abit,
Et liberali nectar amne labitur,
Stellæ ferenis illigantur crinibus,
Puràque cirri luce cervicem rigant,
Et e bifulcâ fiderum natus face
Pectit corufcas aureus pecten comas?
  Sed exoletâ nafcitur Puer casâ,
  Et exquilino natus in fimo jacet,

R iv

Dextràque culmum prensat, & fœnum premit;
Cæloque coram nudus, & coram Gelu
· Injuriosâ stringitur Puer nive.
  Quid esse possit hoc Puello vilius?

X.

Memores uberum tuorum. Cant. 1.

Ibi dabo tibi ubera mea. Cant. 7.

Velle meas, mi Sponse, canis te fugere mammas:
  Sic quæ sponsa fui, jam tibi mater ero.
Ipsa tuas etiam memini me fugere mammas:
  Sic qui Sponsus eras, tunc mihi mater eras.
Ambo iterùm bibimus de mammâ sæpiùs unâ:
  Sic soror ipsa tibi, tu mihi frater eras.
O Amor ſ unus Amor ! quos non effingis Amores?
  Omnibus omnis eris, si tibi nullus eris.

XI.

*Surge, Aquilo, & veni: Auster, persta hortum
  meum, & fluant aromata illius.* Cant. 4.

Astra rogant lenes morientia lilia nimbos,
  Et rosa sub nimio sole precatur aquas.
Quid faciat? ventos Amor advocat, advocat imbres:

Irriguo quorum rore revixit ager.
Quàm pulchri flores ! quorum lassissima cultu
Spirat humus ventis, sudat Olympus aquis.

X I I.

DE PUERO JESU CASTITATIS
A M A T O R E.

Ego flos campi. Cant. 2.

Etesiarum Gratiæ, vagorumque
Favoniorum, Sarmatæque tibicen
Septemtrionis, & Britanne cum Cauro
Apeliota, regis Æoli turmæ,
Circumvolate præpetes meum florem,
Blandoque lætum sibilo salutate
Dulcesque malas, floreamque cervicem,
Corallinumque floris aurei labrum
Non flante naso, nec tumentibus buccis,
Sed complicatis osculemini labris.
Sed ante frontem mystacasque nimborum
Abradat Auster, & novaculâ veris
Morosus udam tondeat Notus barbam,
Ne recta puris obstet osculis seta.
Tum verò sudi gratiâ decens vultus
Tam delicatum basiabitur florem,

R v

Et lenis auræ murmur infufurrabit.
Adfint & omnes graminumque florumque,
Omnefque caftæ Chloridis venuftates;
Suafque vadant ordinata per turmas,
Argenteorum caftra lilietorum,
Et aureorum copiæ rofetorum.
Omnes fupinâ fupplices comâ, reddant
Suo tributum laudis Imperatori,
Novamque veris gratulentur ætatem.
Neu fit pudori liliifque nardifque,
Pronifque calthis, cernuifque verbenis,
Rogare velle floridæ juventutis
A liberali Rege prærogativam
Et caftitatis impetrare decretum.

Exinde pulchra convocentur ad figna
Sub caftitatis Rege militaturi,
Tecti rubente fufilis comæ criftâ
Duces acanthi, militefque verbenæ,
Amazonumque prima turma caltharum.

Eant & indi protimùs granadilli,
Et expeditis fpiculifque clavorum,
Hirtifque fpinis, lanceifque, flagrifque,
Contra furores audeant Dioneos
Veneficorum fenticeta philtrorum,
Herbofa contra tela, Cyprios flores,
Amasiofque dimicare Narciffos.

Morare miles ? & vocante Bellonâ,
Sparsi per hortos otiamini flores?
Flos ecce veftri primus agminis Duftor,
Pro caftitatis laude prælíaturus,
Se Martiali collocavit in campo.

XIII.

Lampades ejus lampades ignis. Cant. 8.

O EGO si fierem medio ita cardine tellus!
  Sponfe, tuâ ftarem pendula Sponfa manu.
O ego si fierem liquido torrentior amni!
  Ad nutus fluerem lenior amne tuos.
O ego si fierem rapidis pernicior Euris!
  Fingerer obfequiis promtius ipfa tuis.
O tandem, nisi sim celeri velocior igne,
  Vel fieri cuperem cunfta; vel effe nihil.

XIV.

Trahe me : poft te curremus. Cant. 1.

MI JESU, sine te per opaca, per invia tendam?
  Et potero longas te sine ferre moras?
Felix, ah felix olim tua MAGDALA, quæ fe
  Nexuerat vinftis ad tua crura comis!
Sic comes illa tuum nunquam linquebat Amorem:

Tu captivus eras illius, illa tui.
Altera, ne dubites, ego sum tua MAGDALA
, CHRISTE:
Ergo trahas vel me, Sponse, vel ipse mane.

X V.

Ad omnia versatilis.

CASTUS Amor ramo pharetram commendat & arcum;
Arma valete : novum me vocat, inquit, opus.
Plana per æquales se straverat area campos,
In glacie qualem Dædala fingit hiems.
Hic Amor, adducto ludentis more flagello,
Ludendi locus est, sed trochus, inquit, abest.
Eia cor huc prodi, clamo : cor prodit, & inde
Dum putat esse trochum, cor mihi versat Amor.

X V I.

D. *MAGDALENA sub Cruce flens.*

AH sitio ! clamas : absunt his rupibus undæ;
Sola fluunt oculis flumina, sola bibe.

XVII.

Revertere , Sulamitis. Revertere , dilecte.
Cant. 2. & 6.

INSEQUERIS, fugio: clamafque, Revertere, JESU,
Et reduces ad te flecto repentè vias.
Infequor , ipfe fugis : clamoque , Revertere , JESU :
Et faciles ad me flectis , amice , vias.
Affequeris , fugio : fugis , affequor : o bonus error !
Obfequii felix o in amore fuga !
Ad te , ne fugias , tua me fuga , CHRISTE , reducet:
Dux tibi ne fugiam , vel meus error erit.

XVIII.

SACRI STUDIOSUS OBSEQUII
CADAVER EST.

Fortis eft ut mors dilectio. Cant. 8.

UT fcires, quo, CHRISTE, tui flammarer amore;
Non unus pro me nuntius ivit amor.
Cor ad te misi ; cor non eft , CHRISTE , reverfum :
Mitto voluntatem , CHRISTE ; nec illa redit.
Ut tandem totam poffet tibi dedere mentem ,
Intellectus erat miffus ; & ille manet.
Nunc animam mitto : quòd si non illa redibit ,
O ego quàm vivum , CHRISTE , cadaver ero !

XIX.

Epitaphium vivo.

Et vivo, & morior, Quid inanes demoror auras?
    Quid juvat ambiguis nectere fata moris ?
Conftrue perpetuis halantem floribus urnam
    Et tumulum nobis pone fuperftes, Amor.
Hic fepeli miferum, & lacrymis afperge jacentem,
    Et duo marmoreis carmina cæde notis.
Et vivo, & morior. Possis in amore, Viator,
    Et quo vivo, mori ; & vivere, quo morior!

X X.

BERNARDINO HOSTI miffa Imago CHRISTI
cruci affixi.

Me fegnis non figis, Amor ? funt omnia præfto:
    Crux arcus, jaculum CHRISTUS, & Hoftis ego.

X X I.

Super rivulos aquarum.

Errabam nuper vitreas prope Tibridis undas,
    Quà folet ad fcopulum naufraga lympha queri.
Dicebam : Mea lympha, meos lacrymeris amores;
    Nam me jam lacrymæ deftituêre meæ.

O ego si poffem fieri tam prodigus amnis!
  Æternâ fluerem pulchra per arva fugâ.
Hæc ego : fed tacitas fufpendit lympha querelas:
  In me mutari forfan & ipfa cupit.

XXII.

Imago B. STANISLAI KOSTRÆ Romana.

Quis te tam lepidâ mentitur imagine pictor?
  Quæ tam viva tuas temperat umbra genas?
Tu palles pallet. Quòd si rubet illa, rubefcis.
  Tu vitâ, vitâ non caret illa fuâ.
Tu sine corde manes; manet hæc sine corde: loquente
  Te, loquitur ; vifus te jaciente, jacit.
Par eft laus vobis, difparque : fidelis imago
  Illa tui ; fed tu, STANESILAE, Dei.

XXIII.

Nuntietis ei , quia amore langueo. Cant. 5.

Porrigo dum terris aures, dum furrigo cælo;
  Clamat, Ama, Tellus ; clamat Olympus, Ama.
Sint irata licet, gelidum mare fuadet amare,
  Fulgur amore micat, fulmen amore tonat.
Aura tuos Ignifque mihi commendat Amores.
  Saxa repercuffis vociferantur aquis.

Non opus eſt poſthac nobiſcum CHRISTE, loquamur:
Orator noſtri mundus Amoris erit.

XXIV.

Amor Divinus.

Cor mihi clamat. Amor clamat. Cor dormit, & ille,
   Ambo tacent : ſurgit Cor mihi, ſurgit Amor.
Cor mihi plorat, Amor plorat. Cor ridet, & ille.
   Ambo canunt : plaudit Cor mihi, plaudit Amor.
Tene verecundi, Cor, Amoris dixero fratrem?
   Tene mei fratrem dixero Cordis, Amor?
Neſcio, quid ſit Amor Cordi, quid Cor ſit Amori?
   Hoc ſcio quod totus Cor ego, CHRISTUS Amor.

XXV.

Oſculetur me oſculo oris ſui. Cant. 1.

Quærebam noſtris ſi quis daret oſcula labris
   Dum meus, heu ! longo tempore Sponſus abeſt.
Oſcula poſcebam Cælum : dabat oſcula Cælum:
   Sed ſatiare meas non potuêre genas.
Oſcula poſcebam Terram : dabat oſcula Terra:
   Sed fuerant tactis aſperiora petris.
Terra vale, Cælumque vale : dabit oſcula Sponſus:
   O eſſent, quot ſunt vota, tot ora mihi !

XXVI.

Meliora funt ubera tua. Cant. 1.

Hᴵɴᴄ mihi fe Tellus mensâ ponebat in unâ ,
　Invitans tacito murmure ; fponsa, fede.
Illinc fe paterâ mare propinabat in unâ ,
　Increpitans rauco vortice ; Sponfa, bibe.
Tunc ego : Terra , tuos nolo ; Mare , nolo liquores :
　Tu mihi , Sponfe , fames ; Tu mihi , Sponfe , sitis.
Audiit, & geminum Sponfus mihi protulit Uber :
　Tu mihi, Sponfe, cibus; Tu mihi potus eris.

XXVII.

De Angelo B. Aʟᴏʏsɪᴏ aflante.

Qᴜᴀᴍ benè siderei vultus imitatur Ephebi :
　Et simili ridet lacteus ore puer !
Hic niveis par eft , niveis par ille liguftris :
　Ille rosâ , multâ purpurat ifte rosâ.
Pura verecundo fublucent lumina fole :
　Et rofeus teneras ftat pudor ante genas.
Dissimiles habitu , similes sibi moribus ambo :
　Dicite , sint similes , dissimilefne magis ?

XXVIII.

De eodem.

Angele, GONZAGA es, si piétas exuis alas,
Si GONZAGA alas induis, Angelus es.

XXIX.

Venatio Amoris.

Venatum cæli croceos Amor ibat in agros:
  Sed, qui corda pius depopulatur, Amor.
Occurrêre lupi, procul occurrêre leones;
  Et procul in jaculis hispidus ibat Amor.
Ecce volaturæ vix erupêre fagittæ,
  Protínus æthereæ procubuêre feræ.
Quid claufum tam fæva juvat cuftodia cælum?
  Pandit Amor planas per fera monftra vias.

XXX.

Venatio Amoris & JESU.

Surge, volaturas, Amor, ejaculare fagittas:
  Es mihi meta, Deus; sim tibi meta, Deus.
Corda cruentandis pateant tua, CHRISTE, fagittis,
  Ut fias jaculis faucia præda meis.
Corda cruentandis pateant mea, CHRISTE, fagittis,
  Ut fiam jaculis faucia præda tuis.

Quàm tibi, CHRISTE, capi, venari tam mihi dulce :
Quàm tibi venari, tam mihi dulce capi.

XXXI.

SAGITTA DIVINI AMORIS.

Vulnerafti cor meum. Cant. 4.

Illa ego sidereis depromta Sagitta pharetris
  Quam pius ad Superos ejaculatur Amor.
Quæro meam, sed quæro meo sine vulnere metam;
  Nam mea non didicit vulnera ferre manus ?
Quis credat, potuisse dari sine vulnere metam
  Hic requiesce meo vulnere, CHRISTUS, ait.
Accelero, metamque premo sine vulnere : sed jam
  Ne possem vulnus figere, vulnus erat.

XXXII.

B. Aloysius pingitur industo super togam linteo.

Pulchra Dies, & Nox pulchræ germana Diei,
  Artificem puero fortè locabat acum.
Altera prætextam, longam dabat altera pallam;
  Illa nigram, niveam neverat illa togam.
Quos puer ut riguos in se confpexit amictus,
  Et Nox, & moto fulsit ab ore Dies.
O formose puer ! quò se formosior effet,
  Ipsa, puer, te Nox induit, ipsa Dies.

X X X I I I.

Donec afpiret dies , & inclinentur umbræ. Cant.

Q U I D noîti lumen, luci quid quærimus umbram?
Noîte dies nobis eft Amor; umbra die.

X X X I V.

Fortis eft ut mors dileîtio. Cant. 8.

M O R S & Amor gemini pugnant de laude triumphi
Mors pharetrâ , pharetrâ confpiciendus Amor :
Mors ait, expugno certis ego corpora telis.
Expugno flammis peîtora, dixit Amor.
Major, ait, mihi, Mors, viîtoria cedit Amore :
At mihi major, ait, gloria cedit, Amor.
Tentarent & tela, pares nisi diceret effe
Viîtor utroque Deus, viîtus utroque Deus.

X X X V.

Inverfa & humi jacens retrò B. ALOYSII Corona.

Q U A L I S, ubi liquidæ riguis singultibus undæ
Proluit aprici culta Galefus agri :
Talis in assiduæ lacrymis A L O Y S I U S imbres
Liquitur., & puris peîtus inundat aquis.

Scilicet ex istis nascuntur lilia rivis,
  Deque pio vivus flumine potat ager.
Quid mirum ? si versa retrò, si spreta Corona:
  Quam dominus fletu conserit, occat humum?

X X X V I.

Ejusdem posita retrò Corona.

Aurea cùm felix diademata poneret heres,
  Visa sibi raptis flere Corona comis :
Cúmque suos iterùm vellet circumdare crines,
  Ad domini caros procubuisse pedes.
Ipse sed acciduam pedibus calcasse coronam
  Fertur, & ingratas posthabuisse preces.
Illa retrò revoluta, jacens ; Lux Principis olim,
  Umbra mei posthac Principis, inquit, ero.

X X X V I I.

Qualis est dilectus tuus ? Cant. 5.

Qualis erat tuus ille ? tuus pulcherrimus ille?
  Dicebat nuper barbara turba mihi.
Arripio dextrâ pennam, lævàque tabellam,
  Et noto, CHRISTE, tuo quicquid in orbe nitet.
Pingo rosas, aurum, gemmas, viridaria, silvas,
  Arva, lacus ; celeri sidera pingo manu ;

Et tabulam monſtrans, Noſter pulcherrimus, inquam,
Qualis erat, vultis diſcere ? talis erat.

XXXVIII.

Caput ejus aurum optimum. Manus illius
tornatiles aureæ. Cant. 5.

Ponite gemmifero frondentia feſta metallo,
Pulchra triumphales ponite ſceptra manus.
Rex meus eſt JESUS. Rex formosissime Regum,
Tu mihi Dictator, tu mihi Cæsar eris.
Qui ſceptri fulgore caret, qui luce coronæ,
Rex, ait, illa tuus ? Rex erit ille meus.
Cui caput eſt aurum, manus eſt tornatilis auro,
Illius eſt Sceptrum dextra ; Corona caput.

XXXIX.

In idem ſacrum Canticum.

Vitis eram ; noſtros carpebat nemo racemos.
Flumen eram ; noſtras nemo bibebat aquas.
Arbor eram ; noſtrâ nemo confedit in umbrâ.
Ductor eram ; noſtrum nemo tenebat iter.
Phœbus eram ; noſtro lucebat lumine nemo.
Paſtor eram ; noſtras nemo ſecutus oves.
Quid faceret JESUS ? Aurum placet omnibus : Aurum,
Ut placeam, poſthac omnibus, inquit, ero.

X L.

Veni de Libano , Sponfa.

Eᴛ fugis, & fugiens clamas, Quid, Sponfa, moraris ?
Non fugis, ut fugias : ut capiare, fugis.

X L I.

De pullato & linteato Aʟᴏʏsɪᴏ.

Qᴜᴇᴍ pullæ cernis fquallentem in funere pallæ,
Hunc nimius facro terruit igne Deus.
Quid nǐveum, Piƈtor, pullo fuperaddis amiƈtum?
Et tegǐs hibernà torrida membra nive?
Hæc, ubi sidereos juvenis conceperit æftus,
A minimo Domini veftis amore fluet.
Perge tamen liquǐdas gelidà nive fpargere flammas;
Ut liquǐdum a flammis difcat amare gelu.

X L I I.

Pullatus poft prætextam Aʟᴏʏsɪᴜs.

'Alluditur ad Mincium , hofpitalem cygnis fluvǐum ,
paternum Aʟᴏʏsɪɪ folum.

Vᴇᴄᴛᴜs oloriferi juvenis prope flumina Minci ,
Ibat in herbofos Caftilionis agros.
Hic nivei dominum cùm mirarentur olores,
Squallǐda mutatà pallia ferre togà;

Pullatum flevêre ducem, vifufque repentè
  Plurimus attonito Cygnus ab amne queri:
Atque aliquis, Quin nos etiam nigrefcimus, inquit
  Quando tam niveus fponte nigrefcit olor?

XLIII.

Oculi B. *ALOYSII* lacrymabundi.

Quis modus, o oculi, nimiis manare fluentis,
  Et teneras fletu perdere velle genas?
In fluvios liquidis abeunt duo lumina rivis,
  Et lacrymæ gemini fluminis inftar eunt.
Intereà medio fluitant Sufpiria luftu,
  Et pius irriguas ventilat Eurus aquas.
Remigium, focii, naves & vela paremus:
  Sunt, quibus in cælum velificemur, aquæ.

XLIV.

B. *ALOYSIO* confuetam meditationi horam impendenti rofeum imminet fertum.

Pulchra coloratis ubi pingitur Hybla rofetis,
  Sicanias triplex colligit Hora rofas.
At modò quòd croceos religant tibi ferta capillos,
  Unde repentinis emicuêre comis?
Te Matutinæ pietas modò detinet Horæ,
  Illa tibi vivo tempora flore ligat.

Quot

Quot tibi mille legent formosos Sæcula flores,
Unica millenas si legit Hora rosas?

X L V.

De eodem Serto.

IPSA Corona rosa est puero? puer ânne Coronæ
Ipse rosa est? puer est ipse Corona, Rosæ.

X L V I.

B. ALOYSIUS sacro lumine circumfusus.

Nox erat, & posito juvenis requierat amictu:
    Venit Amor; positâ se tegit ipse togâ.
Sic ibat! sic ipse nigrâ sibi veste placebat!
    Sic erat in refluo plurima ruga sinu!
Intereà tacito vestes uruntur ab igni,
    Et bibit admotas proxima palla faces.
Manè vigil positos juvenis repetebat amictus,
    Et circumfusæ luxit in igne togæ.
Non miror juvenem tacitis arsisse favillis;
    In tacitas, miror; non abiisse faces.

✳✳✳

S.

XLVII.

Oculi B. ALOYSII.

BISGEMINOS olim mater Natura lapillos
  Pygmalioneas inter habebat opes.
His frenare comas, & eburnea cingere colla,
  Hos memori nusquam mittere velle manu?
Et chalybum nodis, & aheno vecte folebat,
  Et vigili claufos folicitare ferà.
Parva tamen caris cuftodia visa lapillis,
  Quæve moram furto tollere poffet, erat.
Ergo pro geminis ALOYSI munus ocellis,
  Accendit geminas cafta per ora faces.
Tam fortunatis, inquit, cuftodia gemmis
  Firmior effe poteft, tutior effe nequit.

XLVIII.

Lilia manu præfert ALOYSIUS.

HÆC, quæ virgineis nituntur lilia culmis,
  Unde verecundas explicuère comas?
Non generant similes Pæftana rofaria flores,
  Nec simili Pharius meffe fuperbit ager.
Non hæc purpureis mater Corcyra viretis,
  Nec parit æquoreis pulfa Caryftos aquis.
Cùm nullas habeant natales lilia terras,
  Quis neget e caftà lilia nata manu?

EPIGRAMMATA. 421

XLIX.

*PETRO MALASPINÆ Rectori Florentinæ
Societatis JESU.*

SCITATA eſt Flores nuper Florentia : cingat
An bona ſpina ſuas, an mala ſpina roſas ?
Optavêre malam, tangi quæ fortè volebant :
Nam mala tacturos pungere ſpina nequit.
Optavêre bonam, tangi quæ fortè negabant :
Nam bona tacturos pungere ſpina ſolet.
Sic demum variam clauſit Florentia litem,
Eſſet ut alterutris aſſita ſpina Roſis :
Nullus ut has tangat, tangantur ab omnibus illæ;
Sit bona Spina Malis, ſit Mala Spina Bonis.

L.

De capto OROMUSIO.

*Quæ urbs vulgò ab Indis Gemma orbis terrarum
appellatur.*

ANNULUS eſt Orbis, pulcherrimus annulus orbis,
Indutus digitis, Lyſia pulchra, tuis.
Non tamen ille fuit pulcher ſine divite gemmâ ;
Dives OROMUSII nam ſibi gemma fuit.
Gemma fuit, non eſt : ſubiti nam turbine belli
Nuper Erythreo perdita gemma luto eſt.

S ij

Ergo tuam quæres, pulcherrima Lysia, gemmam
  Inter barbaricos, Persica busta, sinus.
Ecce meos, inquis, poscunt mea regna lacertos,
  Ecce meas poscunt Chinica clauſtra manus.
Non opus eſt humeris: OROMUSIA gemma videtur:
  Ipſe ſatis pollex, ut capiatur, erit.

L I.

JOANNI DE LUGO, dum poſt morbum ad inter-
miſſam de Pœnitentiâ doctrinam rediret.

FERTUR inornatis nuper Metanœa capillis
  Fleſſe, repentinâ, cùm raperêre febri:
Fertur & indomito frenos laxaſſe dolori,
  Et lacrymis madidos exhibuiſſe sinus.
Cùm rurſus domito repetis tua pulpita morbo,
  Fertur inornatas diſpoſuiſſe comas:
Et domitos hilari riſu frenaſſe dolores,
  Et lacrymis vacuos explicuiſſe sinus.
Quis, Pater, incolumi de te non gaudeat, ipſæ
  Si gaudent Lacrymæ, ridet & ipſe Dolor?

L I I.

AD PONTILIANUM.

E Templis quoties redeo, Paulive ſacello,
  Occurris reduci, PONTILIANE, mihi,

Ac fubitus quæris : Plachêre palatia Pauli,
  Et Pelusiacâ fecta facella Pharo ?
Cùm dixi nìtidis placuiffe palatia tectis,
  Et placuiffe fuia ardua templa tholia ;
Tu rurfum, fontefque tibi circofque placere,
  Vafta placere crepas amphitheatra tibi.
A placitis ceffa, ne Roma Placentia fiat :
  Ipfe Placentinus ne videare, tace.

L I I I.

Augustino Vivaldo primùm in Lithuaniâ ;
ac deinde Romæ Provinciali Præposito
Societatis Jesu.

Cum te Parthenopê Patrem, cùm Parma vocaret,
  Optaretque fuum Trinacris ora Patrem ;
Roma fuas dominis mundi de montibus arces
  Profpicit, & ftudiis invidet una trium.
Quid faciam ? Parmæ cedam ? Trinacria flebit :
  Parthenopæ cedam ? Parma queretur, ait.
Trinacriæ cedam ? Siren. & Parma querentur.
  Quin potiùs tantum fortior ipfa Patrem ?
Cedite jam Natæ, Matri concedite Patrem:
  An non vefter erit, si meus, inquit, erit ?

S iij

LIV.

De timido Ansa Fulvio.

Dum bellicofus nuper ANSA prahdentes
In Othomanum Sarmatas adhortatur,
Prandete, dixit, milites, triumphalis:
Jam cena vobis præparatur in Cælo.
Dixit : fed ipfe jam moventibus fignis,
Et buccinarum tympanique rumore
Perterrefactus, ordiente Bellonâ,
In civitatem primus ANSA profugit.
Interrogatus inde, cur fugam mallet,
Et cur ad aftra nollet ire cenatum?
Hac luce, fallax inquit ANSA, jejuno.

LV.

Augustino Vivaldo Præposito Provinciali Romana Societatis Jesu.

Cum te nuper Honor liquidis circumvagus auris
  Altus inauratis infequeretur equis;
Trans Alpes Helicenque volas, ubi prenfus Honori
  Dignaris meritâ Littava frena manu:
Cùm tamen ingratos afpernateris honores,
  Itala feftinâ corripis arva fugâ.
Hic Latias iterùm caperes cùm juffus habenas,

Et victus meritis erubuiffet Honor ;
Non pudet a merito, dixit, me Præside vinci :
Sed vinci toties a fugiente pudet.

LVI.

AD PLAUTUM.

Sive peregrinas mittam tibi, PLAUTE, Camenas,
Sive Meduseis fusile carmen aquis ;
Non poteras, inquis, melius mihi mittere carmen,
Nec melius magno cum Cicerone loqui.
Non poteram melius ? laus hæc mihi falfa videtur,
Quæve vel inviti ftipitis effe poteft.
Laudari puto me melius potuiffe, fed a te
Laudari melius non potuiffe puto.

LVII.

Matre NERONIS ad NERONEM.

Quo gladium vibras ? utero, mammifne minaris ?
Ah reprimat cæcus barbara tela furor ?
Lactabam mammis, utero te, nate, ferebam :
Dignus erit venia forfan uterque locus,
Erramus. Qui te miferas malè fundit in auras ,
Dignus uterque mori : Cæfar utrumque feri.

S iv

LVIII.

Eloquentia FRANCISCI Cardinalis BARBERINI.

QUALIS odoriferi per aprica rosaria Pindi
  Garrit Hyanteæ lubricus error aquæ :
Talis Apollineæ, Procerum doctissime, lingua
  Pura Palatinas copia fundit opes.
Et tibi doctiloquæ posuêre silentia Cirrhæ,
  Victaque Pegaseus comprimit ora liquor.
Sæpè loqui docto possit cum Principe Roma,
  Discet ab egregio Principe Roma loqui.

LIX.

Ejusdem sacra Poësis.

CUM tibi Pierios velaret Purpura crines,
  Visa sibi raptis Laurea flere comis,
Illa fuit nostri quondam data gloria crinis :
  Cede meis, inquit, Purpura, cede comis.
Risit, & e summo respondit Purpura vultu :
  Cingo meas, inquit, Laurea, cingo comas.
Quid facitis ? meritos ambæ præcingite crines :
  Laurea Vatis erit, Purpura Regis erit.

LX.

Ad Adm. R. P. MUTIUM VITELLESCUM
Præpositum Generalem Soc. JESU.

EXCUBAT in medio tibi pulchra Modeſtia vultu,
Et niveus roſeo regnat in ore Pudor.
Simplicitas oculis, ſacrâ Facundia linguâ,
Ridet in ingenuis Gratia viva genis.
Majeſtas humeros, placidam Clementia frontem,
Pura verecundus pectora Candor habet:
Præ foribus famuli, video, famulæque morantur:
Virtutem Dominam quis neget eſſe domi?

LXI.

Cerea NERONIS effigies in abdito repoſita.

DURUS & in molli fugit NERO vulnera cerâ:
Mollis & in duro cera NERONE furit.
Cerea quid fruſtra Solem devitat imago?
Ipſe ſuo iratus diffluet igne NERO.

LXII.

IN ceream Pueri JESU effigiem.

EXPRIMIT & verum mentitur cera Puellum
Et docet & verâ fallit Imago notâ.
Hos oculos gerit illa quidemq́ quos ille gerebat,
S v

Et quas Ille genas, hic gessit Illa genas.
Tu tamen his oculis, hoc vultu luderis hospes,
Id fieri possit quâ ratione, rogas?
Materiâ peccat, non peccat imago figurâ:
Cerea materies, melleus ipse fuit.

LXIII.

In maritimam Pali munitionem Ducum
URSINORUM.

Pulvereis simulant dum rauca tonitrua flammis,
Martiaque artifici fulmina nube ruunt;
Attonitis pelagi genitor Neptunus ab undis
Sulphureo afflatum sustulit igne caput.
Ecquis, ait, nostri tranquilla silentia regni,
Et resides bello solicitavit aquas?
Jamque sibi duci volucres ad frena quadrigas,
Tritonemque cavâ praelia flare tubâ,
Armarique Notos Tempestatesque jubebat,
Et Thetin armatis vellere signa feris;
Cùm procul URSINI fluitantia signa Gradivi
Prospicit impulsis velificata Notis.
Ursus erat signum, picto quâ sutilis Urso
Bentilis e summa carbasus arce fluit.
Heus, ait, incaptis, Hiemes, absistite pugnis,
Et vos caeruleae ponite bella ferae:

Novimus excussum jaculantia monstra profundum :
Quæ sera concepto mugiit igne, nova est.

LXIV.

AD COSMICUM DE QUINCTO.

Mulum Quinctus emit, sed cæcum, COSMICE,
mulum.
Unum oculum mulus non habet ; ille duos.

LXV.

De LUDOVICO XIII. Galliarum Christianissimè Rege :

Cùm primo Regni anno Rupellam ab eo expugnatam
fuisse percrebresceret.

Ludo vices, LUDOVICUS ait. Mars risit ; & , Ohe
Lude meas, inquit, Rex LUDOVICE, vices.
De puero, ni Rex esses LUDOVICE, vererer :
Et puer, & Rex es ; regie lude puer.
Jacta Rupellani cecidit simul alea belli,
Ante tuos cecidit victa Rupella pedes.
Ludere perge vices, ut sunt tibi prælia ludus
Sic, LUDOVICE, tibi vincere, ludus erit.

S vj

LXVI.

Libellus de Pietate chriſtianâ laudatus.

PIETATIS iſte eſt liber, & auctoris tamen
Nomen tacens: ipſa conſcripſit, reor.

LXVII.

Ad TIMANTEM Pictorem.

PINXISTI pulchrum pulchrâ cum Matre Puellum:
Nec tamen illa fuit pulchra, nec ille fuit.
Pictorem MARIÆ melius vis pingere LUCAM?
Quis ſcit an errores corrigat ille tuos?

LXVIII.

De A. PERSII Satyris.

VIS PERSI tetricas videre noſtes?
Auditor lege ſcripta, lector audi.

LXIX.

Tumulus conjugis PAULI SAPIEHÆ, ducis inter equites haſtatos.

QUIS jacet hîc? magnâ magnus de ſtirpe SAPIEHA.
Quis prope? SAPIEHADES ſunt prope ſigna nurus.
Quo clarus conjux clariſſimus omnibus; armis,
Pace, fide, patriâ, religione, toro.

Quid certant equites ?certant, quis vivere possit,
Vel meliore nuru, vel meliore viro.

LXX.

In cothurnatum Gallicum.

VECTARI rauco pudor est tibi, Gallice, curru?
Cur ergo rauco non pudor ire pede?

LXXI.

*Ad JOANNEM CAROLUM CHODKEVIC, Ducem
Exercituum Poloniæ adversus OSMANUM
Imperatorem Turcicum:*

cùm Gymnasium inviseret.

SPERNERE si nolis vatis præsagia Musæ,
Nil in te juris, CAROLE, casus habet.
Vilnæ nuper dum mandat Apollo Thaliæ,
Grammaticâ nomen flectere lege tuum
Cunctatur, dubitat, pallet, rubet, hæsitat, alget;
Hæc hilari tandem voce Thalia refert:
CHODKEVIC, ait, est indeclinabile nomen:
Robore bella geris, Casibus ergo cares,

LXXII.

In Stemma ejusdem W. literam duodecimam
inverfam.

Magnus Alexander, magnus Pompeius habetur:
  Magnus habebaris, CAROLE, magnus Otho.
Scilicet hos Magnos magni fecêre triumphi:
  Te major Magnum, CAROLE, palma facit.
Perlege ftemma tuum: Vincis te, Vincis & hoftem;
  Hic quæ terra legi non putat, aftra legunt.
Si dubitas: hos ipfo Deo da ftemma legendum:
  De cælo Magnum Maximus ipfe leget.

LXXIII.

Ad ROBERTUM Cardinálem BELLARMINUM;
De piis ejus libellis, De æternâ felicitate SS,
De afcenfu mentis ad Deum, quos SOPHIA
MELECIA Palatina magno ftudio paulò ante
mortem evolverat.

Ingens gloria temporum tuorum
  BELLARMINE Pater, beatiorum
  Faeundissime cygne græcorum!
  Conatufque tuos, tuafque noctes,
  Sanctæ pignora lucubrationis,
  Victuros Pyliam libros feneclam,
  Palatina pie terebat ufu,

Nec torpere sinebat, anguloque
Aut segnes humili jacere mensâ,
Cæli delicias, Gradusque cæli:
Queis, sacrâ pariter tuâque pennâ,
Æternam referas beatitatem:
Et gemmantia templa nundinaria,
Lamentis, Gemituque, Lacrymisque.
Istos illa diù legens libellos
Festinabat, & omnibus lacertis,
Remis omnibus, omnibusque velis
Ad cæli properabat usque portum.
Nunc densis lacrymis laboribusque,
Et densis lacrymis doloribusque,
Cæli nobile nundinata culmen,
Formosis spatiatur in viretis.
    Quid dici melius beatiusve,
BELLARMINE, tuis potest libellis?
Palatina tuis beata libris,
Tu lectore beatus es librorum.

LXXIV.

AD CÆCILIANUM.

Cum modò MAGDALIOS cecinisses carmine fletus,
Et rapidos AFRÆ, CÆCILIANE, focos;
Continuò madidæ properata volumina chartæ

Ad nos perferri, CÆCILIANE, jubes.
Legi. Judicium quæris de carmine ? dicam.
Digna fuit lacrymis MAGDALIS, AFRA focis.

LXXV.

*De novo Gymnasii Florentini ædificio, cujus
instauratio sub adventu CAROLI Austriæ
Archiducis cœpta.*

Arnus, an umbrosas inter liquidissimus alnos
Permessus Latiis luxuriatur agris ?
Æsar, an Ausonias subterlabentia turres
Flumina Castaliis vociferantur aquis ?
Pindus, an audaces mediis in nubibus Alpes
Piniferis comunt frondea colla jugis ?
Quidquid erit, veram referet Florentia Cyrrham ;
Quam novus Austriacâ condit Apollo lyrâ.

LXXVI.

SCAZON.

Aulam fugit ALOYSIUS.

Fallaces Aulæ pompa, criminum mater,
Quæ turbulentæ pulverem bibis pompæ,
Rituque semper fluctuantis Euripi
Et huc & illuc ambulando, cursando,
Confabulando, garriendo, ludendo,

Et ufque & ufque & ufque confalutando,
Quotidiano merfa navigas cœno,
Centumque pictis curribus lutum rumpis.
Sis o beata, delicata, formofa,
Morum Charybdis, Aula, pectorum Circe,
Dolofa Siren, innocentiæ labes,
Fraudum fatelles, officina fucorum,
Eas fuperbis femifulta lecticis,
Eas fereni luce pulchrior Phœbi,
Et per fupinæ colla plebis incedas.
Habe venuftos, aureos, capillatos,
Pictos, perunctos, deque fcrinio totos.
Anteambulones laudis & trabas pompæ;
Dum nofter aulas ALOYSIUS vitet,
Centumque velis, & rudentibus centum,
Centum phafelis, palmulifque devitet.
Habe capaces patrimonii Scyllas;
Fundi Maleas, fpongias crumenarum,
Onufta laudum plauftra, nominum rhedas,
Plenas jocorum rifuumque carrucas,
Ineptiarum mille turgidos folles;
Quibus dolofæ ficta dona naturæ
Vultus Poëtas, & Poëtrias linguas
Fectre dudum, fufque deque vertere;
Quibus loquacis inficetiæ plena
Negotiofa liminum falutatrix

Famelicorum turba circulatorum
Nugaſque mille vendit, & locat riſum,
Fraudumque fruſtis mille, mille fucorum.,
Mendaciorum mille, mille nugarum
Suitque ſubſuitque miſſe centones :
Dum noſter aulas ALOYSIUS vitet,
Centumque Phœbis, & Phlegontibus centum,
Centum quadrigis Pegasiſque devitet.

Illum citato præpes impetu Virtus
Supra ſecures Cæſarum; & Numæ faſces,
Regumque & omne culmen Imperatorum,
Undamque ſupra civium, & fori fidctus
Enavigantem paſsibuſque non tardis
Mortalitatis ſæva jura calcantem,
Nimboſque late, filioſque nimborum
Super Cometas, rauca fulminum regna,
Puerperamque grandinum & nivis Lunah
Ad uſque rerum vexit ultimos fines.
Ibi ille pulcher imperator aſtrorum ;
Novæ beatus inſtitor voluptatis,
Plenum ſonora gaudium bibit ripa ;
Rerumque dulci naufragatur in ponto.
I nunc ſuperba, delicata, formoſa,
I dives, Aula : sis beata, sis pulchra,
Conchyliata, purpurata, sis magna ;
Dum te inde noſter ALOYSIUS ridet.

LXXVII.

Hiems transiit, imber abiit, & recessit. Cant. 2.

In immaturam menfe Junio B. ALOYSII.
GONZAGÆ mortem.

O Nix ! o niveis albentia colla pruinis !
  O oculi, o niveo lumina vincta gelu !
O niveæ cervicis hiems ! o leve genarum
  Frigus, & hibernâ rofcida labra nive !
O niveæ cryftalla manûs ! o mite comarum
  Vellus, & intactis alba pruina genis !
Ah ! vereor, ne vere novos abeatis in imbres,
  Dum celer æftivos Junius urget equos.
Sifte, precor, Juni: crudeles, fiftite, foles.
  Hic minimo liquidus diffluet igne puer.
Non opus eft flammis. Satis eft fibi dicat IESUS:
  Ceffit hiems, imber ceffit: Amice, veni.

LXXVIII.

Scazon de B. ALOYSIO.

Jocose Scazon, fi quid hactenus mecum,
Molli fub umbrâ populive laurive,
Lenifve buxi pampinive lufifti,
Valere juffis arbitrifque curifque
Mecum fub altâ feriare cupreffo;

Mundoque verfu simplicique dicamus,
Quid ille nofter, ille civis aftrorum,
Agit corufcis ALOYSIUS campis?

   Non ille noftros ducit ampliùs foles:
Non hac phafelo corporis, levis mundi
Tumultuofo, fluctuatur in ponto.
Non has vocabat patrias domos umquam:
Cælum vocabat patrias domos femper.
Huc ille remis, huc rudentibus totis,
Ipfifque plenus carbasis anhelabat.
Huc æftuantes dirigebat antennas:
Huic alligavit infulæ fuam navim.

   Hic fempiterni vere cingitur Maii,
Hic pervagatur elegantibus campis.
Hic rure cæli fruitur, & procul curis
Inter virentes aureis comis lauros,
Crifpas cupreffos, ilices capillatas
Quotidianus ambulator incedit:
Quà bruma nufquam, vel comantis Autumni
Tonfor November frondeum nemus radit,
Ridetve calvos Januarius montes.
Sed delicatos criniuntur in flores
Æterna prata: mufici ftrepunt luci:
Ripæ loquuntur murmurantibus rivis:
Et limpidorum margines fluentorum,
Et hinc & illinc verberante fe fluctu,

Et hinc & illinc invicem cachinnantur:
Manufque pulfu, vel volubilis plectri,
Obliviofo de filentii fomno
Expergefacta fponte garriunt plectra:
Lenique fubter dormiente Neptuno
Tenerrimorum mollis aura ventorum
Depectit agros : defides hiant Euri,
Et otiosis ofcitantur in campis.

   Hic ille nofter, ille civis aftrorum,
Conchyliato purpuratus ornatu,
Eunte pompâ fiderum coronatur,
Solifque fulvâ totus ardet in pallâ.
Et nunc per arces cælitum, per acceffus,
Amethyftinata templa, gemmeas fedes,
Et civitatis per forum Sioneæ,
Et fulgurantûm porticus platearum,
Calcat fuperbum fiderum pavimentum.

   Hic LAINIUM compellat, hic EVERARDUM,
Hic lætus ambit BORGIAM falutator,
IGNATIOve flammeove FRANCISCO
Enarrat, ipfa delicatior Suadâ,
Miranda temporum acta Claudianorum:
Suoque longos MUTIO rogat Soles:
Mellifque rivos; balfamique miratur
Et gaudiorum, nectarifque, lactifque
Formofa pictâ ftagna trajicit cymbâ,

Et delicato naviculatur in ponto ;
Nanofque colles , hifpidafque verrucas
Pulcherrimorum luftrat ilicetorum.
O geftientûm dulce fiderûm regnum !
Veftrum clientem , pro laboribus tantis
Doloribufque , lacrimifque , curifque
Defideratos recreate per campos.
Gaudete Tempe fiderum , domus cæli :
Ridete , quicquid eft domi Voluptatum :
Plorate , quicquid eft foris Querelarum.

LXXIX.

*JOANNIS CAROLI CHODKEVICII , Polonici
Lithuanicique contra OSMANUM Turcicum
Imperatorem exercitûs Ductoris , Statua
in hortis Mediceis.*

QUEM modò Threïcii pulchrâ fub fronde triumphi
  Marmoreâ fpectas ponere bella manu :
Hic Afiæ populos , & flava Propontidos arma
  Stravit, Abydenas depopulatus opes.
Fortis adhuc meminit bellacis dextera ferri,
  Dilectumque latus confcius enfis amat.
O ! nifi captivas vincirent marmora plantas ,
  Iret in hoftiles libera dextra globos.

LXXX.

In tres Fluvios, Stemma JOANNIS CAROLI
CHODKEVICII*, dum Templum Collegio*
Societatis JESU *Crocense exstrueret.*

Quæ gemmantibus hinc & inde rivis
Currunt flumina ? CHODKEVICIANÆ
Currunt flumina Liberalitatis.
Non tam divitibus superba ripis
Gaudet Lydia ; non amœnitatum
Tellus mater & elegantiarum,
Felix Americe fluentis auri,
Quæ centum populis tributa folvens
Effundit facilem per arva cenfum,
Et crebro fata comit unione;
Quàm queis Patria, Martiufque fulgor,
Et pictæ Superûm rigantur aulæ.
Hæc fcis unde fluant fluenta nobis?
Oftendis CAROLI manum. Sapifti.

LXXXI.

Dictum JOANNIS CAROLI CHODKEVICII,
cùm Caftra ad Chocimum in Dacia contra
Byzantinum Imperatorum moveret.

Velox Fama malum, tumultuosis
Dum prætervolat incitata pennis

Arces, oppida, rura, Civitates,
Ducentis canit, & canit trecentis;
Braccatis canit, & canit fagatis,
Hoftem millibus imminere Turcam,
Et jam terga remurmurantis Iftri
Securum fuperambulare Martem,
Addit, Biftonas, impiofque Thracas
Mixtos innumeris venire turmis.
Hæc dum CAROLUS audit; Ut fciamus
Veri nuntia Fama num fit, inquit,
Hic hoftem mihi computabit ensis.

LXXXII.

Statua M. TULLII CICERONIS apud Magnum
Hetruriæ Ducem.

ORA Myron, humeros Lysippus, lumina finxit
Praxiteles: vocem fingere nemo poteft.

LXXXIII.

Pompa, quâ Sâcratisfimum CHRISTI CORPUS
à Romanis Pontificibus ad D. Petrum deportatur.

ÆLIA cur tantis glomerantur compita turmis,
    Et populi toto fluctuat unda foro?
Cur refluis fervent Vaticana palatia turbis,
    Dardaniæque vomunt agmina mille viæ?

Quid

Quid juvat æthereis populos accurrére mensis?
Ut satiet populos, ambulat ipse Cibus.

LXXXIV.

PAVLO PIMELIO missum ex succino munus.

Quæ placet ipsa sibi secretæ sidere formæ,
  Ridet, & arcanâ succina gemma die;
Supplicibus vulgò libanda dat oscula culmis,
  Libandas stipulis pulveribusque genas.
Et me, PAULE, tuus rapit ad sua lumina candor:
  Nimirum gemma es succina, pulvis ego.

LXXXV.

Lætabimur memores uberum tuorum. Cant. 1.

Ad Sponsum cælestem.

Dicebas te velle tuis me pascere mammis,
  Dum mea solicitus pectora torret amor.
Clamabam: Mea mamma meum mihi manna ministra:
  Nec tu præstò mihi, nec tua mamma fuit.
Aspicio Terras & Cælum: Forsitan, inquam,
  Dextra Dei tellus mamma, sinistra polus.
Risisti, dicens; Ipso te Numine pascam.
  Os utinam nobis Terra Polusque foret!

T

LXXXVI.

Reverendo Patri LEONI SANCTIO Concionatoris munere functo, Româ discedenti.

Nec potui Latiis altum te cernere Rostris,
Quassantemque pio conscia corda metu?
Ah saltem pro me, cui tanta potentia fandi
Orator magni Numinis esse velis:
An non id merito possim te jure precari,
Cui merito possim dicere, SANCTE LEO.

LXXXVII.

De divino Amore.

Retia nectentem nuper mirabar Amorem.
(O quid non facilis fingere possit Amor!)
Aurea pinna fuit, lapis aureus, aurea restis,
Aurea compages, aurea nassa fuit:
Aureus ipse fuit: sed dum sibi flumina desunt,
Heu mea quò vertam retia? dixit Amor.
Ad JESUM converte, Puer, tua retia, dixi;
Ipse tibi fuerim piscis, & ille mare.

LXXXVIII.

In Stemma Joannis Caroli Chodkievicii:
Crucem, Sagitta implexam, & Calci, tria flumina,
& Grypha pedibus gladium vibrantem.

Crux micat in telo. Crux altera calce nosucat:
Forsitan hæc Fortem nuntiat, illa Pium.
Aurea tergemino volvuntur flumina lapsu:
Ista docent Largum flumina forsan harum.
Felicem gestat felix avis ore lapillum:
Felicem dominum forsan & illa notat.
Quid dubitem Fortem, Felicem, & dicere Largum,
Cùm Gryps ad voces annuat Esse meas?

LXXXIX.

In Gryphem, dum Joannes Carolus Chodke-
vicius, aliquot relictis cohortibus in Moscoviâ,
ad regni Comitia abiret.

Viderat Hyrcanis Moscovia Grypha pruinis
Ad Litavum tandem vertere rostra solum:
Ille ferus Gryps, inquit, abit; nil Ense nocebit,
Non Ales rostro, non petet ungue Leo.
Non est, cur, a te quòd flexerit ora, triumphes:
A tergo longa est cauda relicta: Cave.

T ij

XC.

In duas Sagittas terræ cæloque obversas.
Stemma Illustrissimi EVSTACHII VOLLOVICII
Præsulis Vilnensis.

Bis Geminos Petrus Christo monstraverat enses,
    Urbs raperet captum cùm Solymea Deum.
Ferre cruentandum clementia lumina ferrum,
    Ferre necaturas non potuêre manus.
Ultrices majora manus tamen ausa parabant,
    Ut tandem CHRISTUS dixerit esse satis.
O si F tunc geminas monstrâsses, Petre, sagittas,
    Quàm meritò CHRISTUS diceret esse satis!

XCI.

In duas easdem Sagittas Allusio.
In uno oculorum, & in uno crine colli. Cant. 4.

Virgilius quondam, *Telum facit Ira,* canebat:
    Tela facit, meliùs sed ceciniffet, Amor.
Est oculus Telum : divino crinis Amori
    Est Telum. Quid non figere possit Amor?
Est oculus, sed qui superas se tollit ad auras ;
    Est coma, deciduo quæ petit ima gradu.
Quis scit, an obversæ Cælo Terrifque Sagittæ,
    Hæc oculus non sit Præsulis, illa Coma?

XCII.

In easdem Sagittas.

Æris & Argenti, & Ferri rude vulgus, & Auri,
   Ibat ad Ætnei jurgia fortè fori.
Lis fuerat, quonam poffes, Vulcane, metallo
   Digna VOLOVICIA, condere tela manu.
Cauffidicum vincit, Vulcano judice, Ferrum,
   Factaque funt forti Ferrea Tela viro.
Tum Faber ad focios operum, Sunt Ferrea tela:
   Ipfe mihi VOLOVIC aureus, inquit, erit.

XCIII.

Ad Illuftrissimum HIERONYMUM VOLLOVI-
CIUM, *quum Samogitiam ingrederetur.*

Isse suas ut te Samogitia fensit in oras,
   Luferunt vitreo pulchra fluenta pede.
Florida feftivas agitarunt rura choreas,
   Lætitiâ madidæ perfonuère domus.
Ocyus i, Præfes : si fortè venire moraris,
   Huc venient campi, flumina, rura, domus.

XCIV.

In Soleam tribus insignitam Crucibus:
Stemma Illustrissimi & Reverendissimi STANIS-
LAI KISZCÆ Præsulis Samogitiæ.

QUIS tam concordi junxit duo robora nexu?
  Quis soleam socias jussit habere Cruces?
An quia KISZCANIÆ monstrant insignia gentis,
  Certatimque sacro laudis honore nitent?
An quia cæstari cupiunt, humilesque latere,
  A Domino morem quem didicere suo?
O celebres humilesque nimis! magis, inter honorem
  Dum nituere, latent; dum latuere, nitent.

XCV.

In tres ejusdem Cruces, & tres Tubas.

KISZCA, tuas dum cerno Cruces, dum classica cerno;
  Solicitat mentem terror amorque meam.
Cerno Cruces? ignis sancti me flammat Amoris;
  Et dico, Mentis Crux medicina meæ est.
Cerno Tubas? timeo: Fors, inquam, bella parantur,
  Sed cum nulla sonent prælia, rursus amo.
Quid secura tuæ faciet Fiducia plebis,
  O Præsul, si te diligit ipse Timor?

XCVI.

In tres Tubas ejusdem Reverendissimi Præsulis coeuntes.

Catholicos, fævit dum provocat Hæresis armis ,
Innumeris parent impia caftra Tubis.
Hæc Batavam, canit hæc Scotam, canit illa Britannam
Et diverfa fonat quolibet ore Fides.
Non sic Catholicas hortantur cornua turmas :
Una Fides ternâ confonat ecce Tubâ.
Quæ tam concordi fociantur claffica cornu,
Impia caftra, Tubas creditis effe ? Tuba eft.

XCVII.

In Enfiferum Grypha:
Stemma Joannis Caroli Chodkiewici
magni Ducatûs Lithuaniæ, supremi exercituum
Dutoris.

Hic, qui fupinoa defluentibus plumis
Inveftit armos, & bicorporis plantæ
Effultus ungue rectus imminet cælo,
Et lætiformi Marte præliaturus
Explorat enfem providus duellator,
Non Atticarum flexili chorearum
Proludit orbe, non rotatili plaufu
Reciprocante verberat folum plantâ:

T iv

Cuniculosis non Amazonum silvis
Inhofpitales Arcton appulit greſſus.
Sed e tropæis lætus Imperatorum
CHODKEVICANAS tranſmigravit in ceras,
'Suiſque clarum ſtemma laudibus fulſit.
Nunc ad Poloni Martis æreos cantus,
Tubæque gratum murmur exſoporatus,
Formidoloſos enſe fulminat Turcas.
Avertat iſtinc pervicax Hetruſcorum
Et Apulorum veritas Sacerdotum
Victoriarum nuntias coturnices,
Vates columbos, auguresque cornices.
En certiora, Magne Militum Ductor,
Gryps Lechicorum ſigna dat Triumphorum:
Ut dum per auras fluctuante ſubſultu
Stat ludibundus, & velut theatrali
Pugil bipenne motat areâ ferrum,
Spectator ipſe neſciat, tuum Grypha
An præliantem cernat, an triumphantem.

XCVIII.

De BB. AGAPI & CHRONIA Virginibus & Marty-
ribus, quæ sorores ob CHRISTUM carcere mace-
ratæ, postea in ignem missæ, sed inviolatæ, ora-
tione, ad CHRISTUM fusâ, ad cælum evolarunt.

Nil juvat includi tenebroso carcere Divas:
   Te melius cæco carcere, CHRISTE, vident.
Nil juvat ignitis immergere membra caminis:
   Ignoscit casto conscia flamma pedi.
Compositis ambæ venerantur sidera palmis,
   Et sociâ Superûm culmina mente petunt.
De flammâ carcer, de carcere flamma meretur:
   Flamma soror, carcer frater utrique fuit.

XCIX.

D. S. LEONE Pontifice, qui ATTILAM Hunno-
rûm Regem in Italiam cum copiis influentem
monitu suo & oratione repressit.

Attila Pannonicis populatur cædibus Alpes:
   Obvia magnanimus tendit in arma LEO.
Adversâ gemini concurrunt fronte Leones,
   Inde LEO Ducus, Tuscus & inde LEO.
Conscius ille sui, fera repulit arma, furoris,
   Nempe tuâ monitus maxime voce LEO.
O quem te memorem! quo Regem nomine dicam!
   Ille LEO raptor, tu LEO pastor eras.

C.

De S. Ardelione, qui ex Mimo repentè Christianus effectus, sui testimonio sanguinis Christum confessus est.

Ardelio sacros deridet carmine ritus,
  Festaque non æquâ voce theatra quatit.
Audiit Omnipotens: Non est opus, inquit, hiulco
  Fulmine; tam facilem, Gratia, vince virum.
Deserit illa polos, & deserit iste theatrum,
  Et tereti sacrum volvit in ense caput.
Sic sic, inquit, abit nostræ Comœdia vitæ:
  Terra vale, cælum plaude, Tyranne feri.

C. I.

De SS. Basilissa & Anastasia, quæ sub Nerone, linguâ pedibusque præcisis, percussæ gladio occubuerunt.

Fortis Anastasiæ comes est Basilissa sorori:
  Illa canit Christum voce, nec ista tacet.
Cæsareas utriusque sonus dum venit ad aures;
  Vulnere lingua simul, pes utriusque cadit.
Utraque sponte genu sinuato vulnera curat,
  Et te procjduo poplite, Christe, colit.
Irasci Christo nescis, improvide Cæsar:
  Quem tacuisse velis, sic coluisse jubes.

CII.

De S. APOLLONIO Senatore, qui, lecta pro
CHRISTI Religione in Senatu apologiá,
gladio persussus est.

CREBER APOLLONIUM pronâ bibit aure Senator,
   Dum legit arcano nobile dogma libro.
Ætatemque canit CHRISTI, sanctosque triumphos,
   Et Stygiâ nuper capta tropæa domo.
Sed tamen insontem mulctat sententia Divûm,
   Romanumque jubet tingere cæde forum.
Ne dubitate novo, Romani, credere libro :
   Mucro stilus, sanguis litera, Roma liber.

CIII.

De S. ADALBERTO Gnesnensi Archiepiscopo
& Martyre, qui a Prussis lanceis remisque
appetitus, pro CHRISTO fortiter occubuit.

SÆPE Tyras, ALBERTUS ait, & sæpe Tibiscos
   Istrum sæpè peto, navigo sæpè Salàm.
Ah ! quando tandem stellantia litora visam !
   Ah ! quando certâ sidera puppe petam !
Dixerat, & crudis Prussus dat vulnera contis,
   Et creber remis pectora nauta quatit.
Utere jam remis, & largum funde cruorem :
   His remis, isto flumine vise Polum.

CIV.

Puer JESUS totus desiderabilis.

Hyblei rores, & Hymettia liba, valete,
   Pinguiaque Assyriis defua mella favis.
Me trahit ille ferax sanctorum vultus Amorum,
   Ille verecundo vivus in ore pudor.
Cûm mea mens sacræ satiatur imagine formæ,
   In desideriis pascitur ipsa suis.
O JESU, mea sola fames, mea sola voluptas,
   Quam sapis ipse, tui si sapit ipsa fames!

CV.

Vox Dilecti mei.

An! ego tam liquidas surdus non audio voces?
   Alter & infaustâ cantus in aure sonat?
Clamet, Ede, tellus: respondent æquora, Pota.
   Vasta sitim faciunt æquora, terra famem.
Terra dehisce, cavis arescite flumina ripis:
   Respuit & voces auris, & ora cibum.
Ut solo te, CHRISTE, frui possimque velimque,
   Totus & os posthac, totus & auris ero.

C V I.

Imago Sanctissimæ VIRGINIS PLANCO *missa.*

Misi, PLANCE, tibi tenerum cum Matre puellum,
  Deliciafque meas, deliciafque tuas.
Mittere nobilius, majus comprendere palmæ
  Nil potuere meæ, nil voluere tuæ.
A me plura tamen si munera, PLANCE, requiris:
  Non a me, a donis plura require meis.

C V I I.

De plurimis CHRISTI *Martyribus, qui navi
  vetuſtæ impoſiti, demerſi ſunt.*

Degenerem linquunt tenebrosi carceris umbram,
  Ut fcandant fragilem mafcula turba ratem.
Sunt illit mercés plagæ; funt vota rudentes,
  Mors prétium, virtus prora, carina falus,
Vincla Fides, malus pietas, fufpiria venti;
  Spes velum, remus gratia, rector Amor.
Tunc Deus, His si navis, ait, mea cingitur armis,
  Typhi, tuam cælo dejice, mitte meam.

CVIII.

De PALMULO adolescente sanctissimo immaturâ
vitâ functo.

Vixisti tibi, vixisti quoque, PALMULE, CHRISTO,
  Longa tibi fuerat vita, brevifque DEO.
Semper vixisti CHRISTO; tibi, PALMULE, ratò :
  Longa DEO fuerat vita, brevifque tibi :
Mortuus es victurus : erit tua, PALMULE, vita
  Longa brevifque tibi, longa brevifque DEO.

CIX.

D. S. SIMEONE STILITA.

Est, inquit SIMEON, tellus mihi parvula punctum:
  Quis velit in puncto, CHRISTE, movere pedes ?
Ergo pedes pofthac æternum ftabitis, inquit,
  Ne tam parva meum femita fallat iter.
Conftitit : & ftanti tricesima vertitur æftas,
  Quæ tandem merito contulit aftra viro.
Si tibi terra fuit punctum, sint circulus aftra:
  Jam lato choreas plaude per aftra gradu.

CX.

CHRISTI in Cruce vox, SITIO.

Ah ! sitio, clamas, Princeps pulcherrime rerum :
  Non habeo pro te dulcia vina : siti.

Tu tamen, Ah ! Sitiq ! clamas : daбo pocula, Sponſe :
   Heu mihi ! ſed mixto poçula felle dabo.
Hæc , mi Sponſe , bibes : quæris cui fortè propines ?
   Ad me pro mundi, CHRISTE, ſalute bibe.

C X I.

De S. IGNATIO Martyre , cujus in corde nomen
   JESUS auguſtissimum aureis inciſum literis ,
      poſt mortem inventum.

AUREA in IGNATI fulgent cognomina corde :
   Hic tua tu tecum nomina , CHRISTE, locas.
Sparſerat effuſo Martyr cor ſanguine : de quo
   Aurea te referens likeţa facta fuit.
Unde poteſt fulvum mutari ſanguis in aurum ?
   Sed tamen eſt ſanguis Martyris : ergo poteſt.

C X I I.

In gratiam MARTINI BADACH ex Vilnensi
   Academiâ in Germaniam proficiſcentis.

SI te Theologum judex audiret Aquinas ,
   Ingenium Thomas diceret eſſe ſuum.
Si te Oratorem facundo Tulſius ore
   Audiret , linguam diceret eſſe ſuam.
Quæ tua ſunt , ſi fortè BADACH , tua dixeris eſſe ;
   Ingenio Thomas ; Tullius ore caret.

CXIII.

In tres Tubas, Stemma JOHANNIS RUDOMINÆ
Equitis Lithuani.

TRES nuper Divæ, Bellona, Diana, Thalia
  De RUDOMINÆIS dimicuêre Tubis.
Nostra Tuba est, Bellona inquit, Tuba nostra, Diana, est:
  Hæc, inquit, potiùs nostra, Thalia, Tuba est.
Audiit, & Getico Mavors subrisit ab Hæmo,
  Nil mihi cum vestris, numina docta, Tubis.
Vestra Tuba est, Bellona inquit, Tuba vestra, Diana, est:
  Vestra, Thalia, Tuba est, sed RUDOMINA meus.

CXIV.

De morte CÆSARIS N. qui scenicum dum lustrat
cælum, præceps inopino casu ad theatrum
datus, exspiravit.

VIVUS ubi roseum fulgor mentitur Olympum,
  Et simulant vivas aurea tecta domos,
Picta renidentis dum lustrat sidera scenæ,
  Atque alacres CÆSAR fertque refertque gradus;
Pendula nitentes de epit bractea plantas,
  Atque sui quassum mole necavit opus.
Noxia Cæsaribus semper sublimia : quisquam
  Ad superos veniat CÆSAR, & inde ruet.

C X V.

Idem loquitur de fe.

Falsa theatralis dum sidera miror Olympi
Vera mihi, dixi, sidera pande, DEUS.
Dum meus has LOIOLA Pater modò cerneret oras,
Putida, clamabat, quàm mihi fordet humus!
O mihi tam pulchri referentur morte penates!
Vera mihi referat, dum loquor, aftra DEUS.
At quia mors aberat cælo quæsita, cadendum
Ad terram nobis, ut moreremur, erat.

C X V I.

De eodem.

Scenica mentiti dum fortè palatia cœli,
Et dubio CÆSAR fcanderèt aftra pede;
Aurea quæ falsi simulaverat atria cæli,
Sciffa ruinofum tela fefellit iter.
Decepto ruit ille gradu; tragicique doloris
Ad fua materies ipfe theatra redit:
Et JESUM vocat ore. Pii ne flete fodales,
Non ruit ex aftris CÆSAR, in aftra ruit.

CXVII.

De duplici SENECA ad PAULUM.

DE gemino SENECA pugnat sententia Vatum.
Conveniet, si tu, PAULE, secundus eris.

CXVIII.

In PHILIPPUM Rhetorem.

NON poterat jussus tria dicere verba PHILIPPUS:
Si vultis causam nosse, disertus erat.

CXIX.

De nobili adolescente in feriis Bacchanalium miserabiliter exstincto.

SALTANTES nuper Mors viderat atra Lupercos,
Et se festivis miscuit ipsa choris:
Ebria perque domos saltabat, perque plateas,
Morborum longo præveniente choro.
Hic uni juvenis dum forte resistere vellet,
Ebria non meritum messuit ense caput.
Tollite de lautis, juvenes, convivia mensis;
Quis scit, an ex vestris non bibat illa scyphis?

FINIS.

INDEX

Hiſtoricus & Geographicus in Sarbievii Poëmata.

A.

Arnus , fluvius Tuſciæ rapidissimus : ex Apennino ori-
tur , Florentiam & Piſas alluit , & in Tyrrhenum
mare delabitur.

Artace es , (Artaki) urbs Asiæ , Helleſponto apposita,
non longè a Cyzico.

Athos i , (Monte ſanto) mons altissimus Macedoniæ,
inſtar peninſulæ in mare Ægeum proqurrens.

Aule es , arx Thraciæ haud longè ab Hadrianopoli, ad
Hæmi radices.

Auſonia æ , V. (Auſonie :) ea Italiæ pars in qua Bene-
ventum & Cales : ab Auſone uno e primis Italiæ
regibus nomen invenit.

B.

Bactra orum (Bactres) urbs Bactrianæ regionis
princeps. Bactriana autem regio ea dicebatur, in qua
nunc eſt Balchiæ regnum , & Usbecbia.

Batis is (le Guadalquivir) amnis Hiſpaniæ : Andalu-
siam alluit.

Balchis is , Balteum mare , la mer Baltique.

Benacus (Lago di Garda :) lacus Italiæ in agro Vero-
nensi.

Berecynthus i , le Bérécinthe. Fuit duplex Berecynthus,
uterque Cybele sacer ; alter in Phrygia non longe
a Marsya flumine , alter in Cretâ insola.

Bessi , populi Thraciæ non longe a Ponto ; lævam
Strymonis ripam incolentes.

Bethle es , Bethlehem , oppidulum Judeæ.

Bethulia , urbs Galileæ inclyta , patria Judithæ nobilis
heroïdis,

Biſtones , gens Thraciæ circa Biſtonium lacum; hodie
Boron.

Blandusia , fons in Sabinis , Horatii carminibus cele-
bratus.

Boruſſus , Prussiæ incola. *Prussien.*

Boſporus ; hodie ſtretto di Conſtantinopoli.

Boryſthenes hodie (Nieper :) fluvius Scythiæ secun-

V.

Iberia : duplex, Asiatica altera, hodie Georgia : altera
Europea quæ eadem Hispania est.
Iberi, populi Iberiæ. Vide *Iberia*.
Ida, mons Troadis altissimus, Paridis judicio nobilis.
Idomeneus, rex Cretæ qui Græcos in obsidione Tro-
jana egregiè adjuvit, Venit postmodum in eam Italiæ
partem, ubi Salentum condidit.
Ionium mare : sic vocatur ea maris Mediterranei pars,
quæ Peloponnesum Græciamque occiduam alluit.
Ismarus, mons Thraciæ prope Hebrum amnem. In
plurali Ismara.
Ister, sic vocatur Danubius inferior.

L.

L A P P O N I A quæ & Lappia : ea pars Europæ occi-
duæ est, quæ maximè vergit ad septentrionem.
Larius lacus, totius Italiæ amplissimus, Lago di Como.
Latini, sic primo dicti sunt veteris Latii incolæ,
deinde Romani rerum Domini : apud Sarbievium sic
appellantur omnes eæ gentes quæ Romanæ Ecclesiæ
parent.
Lauretum (Loréto) urbs Piceni, prope Anconam.
Lechia, Polonia. Vide *Lechus*.
Lechus, e Bosporo Cimmerio profectus Poloniam occu-
pavit, anno 550, primusque Poloniæ dux fuit. Inde
Poloni dicti Lechiadæ, inde Lechica regna, &c.
Leleges, Asiæ populi, origine Græci, qui in Mysia
eaque Ioniæ parte quæ Cariæ proxima est, consedêre.
Lemnos i, insula maris Ægæi, habens a septentrione
Thraciam, ab occasu montem Athon.
Lesbos, Alcei & Sapphûs patria, insula maris Ægæi
non longe a Troade & Mœsia.
Lethe es, unus e quatuor Inferorum fluviis, cujus aqua
epota rerum omnium oblivionem afferebat.
Libanus, mons Syriæ maximus & notissimus.
Libanitis cedros, cedrus Libani montis.

V ij

V iv

FINIS INDICIS.

INDEX RERUM.

Prior numerus defignat Librum, fecundus Oden :
Liber Epodon qui quintus eſt defignatur
litera V.

ERUDITORUM TESTIMONIA
DE SARBIEVIO.

Non folum æquavit , fed interdum fuperavit Flaccum.
GROTIUS.

In lyricis Sarbievius Polonus excellit.
BOECLERUS Bibliographia critica , p. 157.

Le Privilege fe trouve à l'Imitation de J. C.

FINIS.

CPSIA information can be obtained at www.ICGtesting.com
Printed in the USA
LVOW08*1613010714

392545LV00005BA/62/P